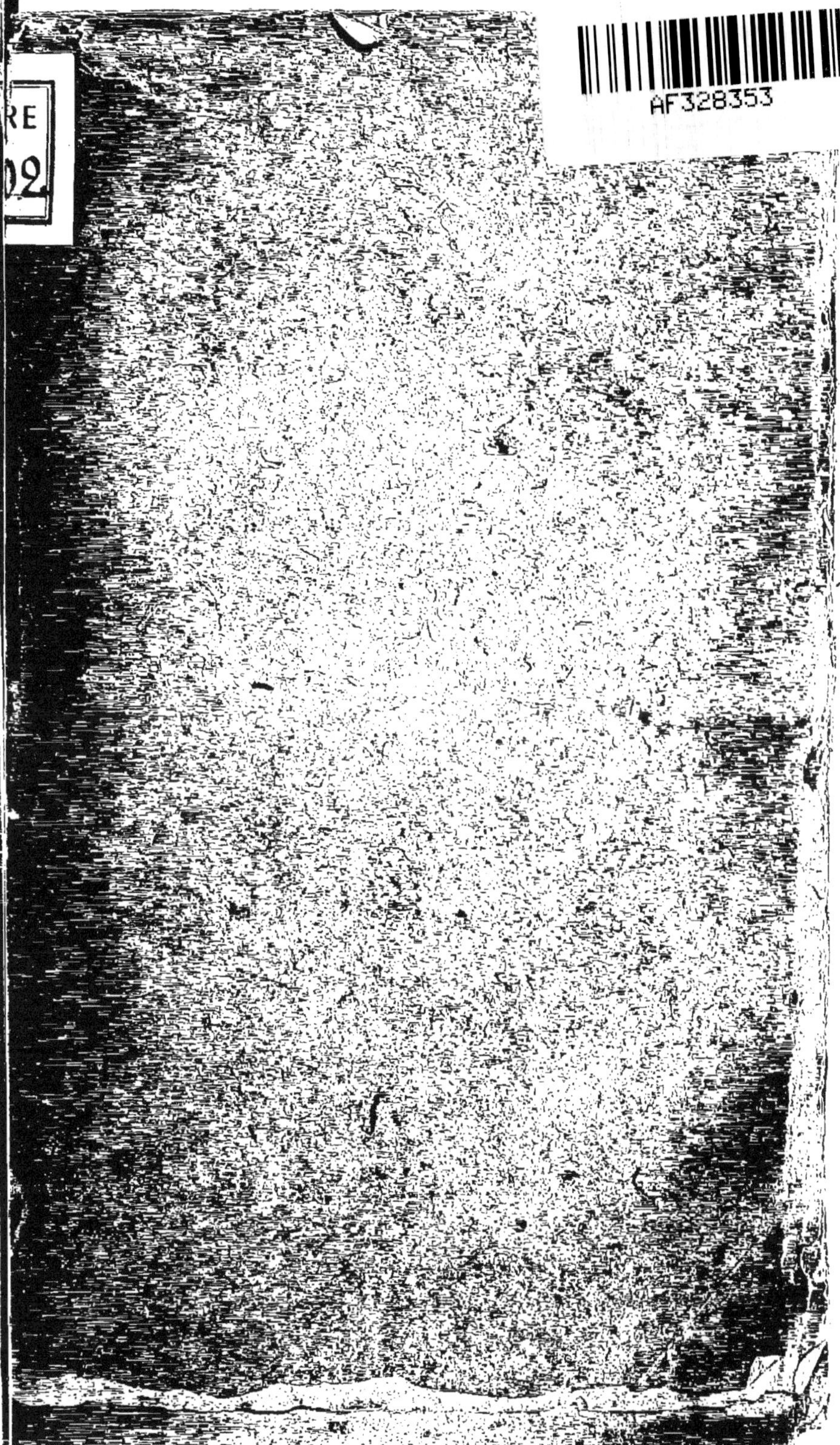
RE
02
AF328353

que contre les parties.

1021. Les jugemens arbitraux, même ceux préparatoires, ne pourront être exécutés qu'après l'ordonnance qui sera accordée à cet effet par le président du tribunal, au bas ou en marge de la minute, sans qu'il soit besoin d'en communiquer au ministère public ; et sera ladite ordonnance expédiée ensuite de l'expédition de la décision.

La connoissance de l'exécution du jugement appartient au tribunal qui a rendu l'ordonnance.

1022. Les jugemens arbitraux ne pourront, en aucun cas, être opposés à des tiers.

1023. L'appel des jugemens arbitraux sera porté, savoir, devant les tribunaux de première instance pour les matières qui, s'il n'y eût point eu d'arbitrages, eussent été, soit en premier soit en dernier ressort, de la compétence des juges de paix, et devant les cours d'appel pour les matières qui eussent été, soit en premier soit en dernier ressort, de la compétence des tribunaux de première instance.

1024. Les règles sur l'exécution provisoire de jugemens des tribunaux, sont applicables aux jugemens arbitraux.

1025. Si l'appel est rejeté, l'appelant sera condamné à la même amende que s'il s'agissoit d'un jugement des tribunaux ordinaires.

1026. La requête civile pourra être prise contre les jugemens arbitraux, dans les dé-

Elle sera portée devant le tribunal qui eût été compétent pour connoître de l'appel.

1027. Ne pourront cependant être proposés pour ouvertures,

1.° L'inobservation des formes ordinaires, si les parties n'en étoient autrement convenues, ainsi qu'il est dit en l'article 1009 ;

2.° S'il a été prononcé sur choses non demandées, sauf à se pourvoir en nullité, suivant l'article ci-après.

1028. Il ne sera besoin de se pourvoir par appel ni requête civile dans les cas suivans :

1.° Si le jugement a été rendu sans compromis, ou hors des termes du compromis ;

2.° S'il l'a été sur compromis nul ou expiré ;

3.° S'il n'a été rendu que par quelques arbitres non autorisés à juger en l'absence des autres ;

4.° S'il l'a été par un tiers sans en avoir conféré avec les arbitres partagés ;

5.° Enfin s'il a été prononcé sur choses non demandées.

Dans tous ces cas, les parties se pourvoiront par opposition à l'ordonnance d'exécution, devant le tribunal qui l'aura rendu, et demanderont la nullité de l'acte qualifié *jugement arbitral*

Il ne pourra y avoir recours en cassation, que contre les jugemens des tribunaux rendus, soit sur requête civile, soit sur appel d'un jugement arbitral.

FRÉDÉRIC

DE

GUÉRÉHARD.

De l'Imp. de P. NOUHAUD, rue du Petit-
Carreau , Passage de l'Etoile, N.° 32.

FRÉDÉRIC

DE

GUÉRÉHARD,

DUC DE LORRAINE,

PAR E. F. VAREZ;

Auteur du Criminel invisible, etc. etc.

« Les fils dont l'industrieuse araignée
» ourdit sa toile, sont des câbles auprès
» des liens qui attachent l'homme au
» bonheur et à la vie; ils se rompent
» au moindre souffle. »

YOUNG, I.re nuit.

TOME DEUXIEME.

A PARIS,

Chez M.me MASSON, Libraire et Éditeur de
Musique, rue de l'Échelle-St.-Honoré, N.° 10;

1808.

FRÉDÉRIC

DE

GUÉRÉHARD,

DUC DE LORRAINE.

CHAPITRE I.er

Voyage à Lunéville.

QUELLE différence entre le paisible château de Dompaire et le palais somptueux des ducs de Lorraine ? Si la douleur et les larmes habitaient cette première demeure, si ses voûtes antiques n'étaient frappées que par de plantifs gémissemens ; l'asyle de Frédéric était au contraire témoin de la joie qu'un succès peut inspirer. Thibault, l'infâme Thibault, glorieux de la réussite de son projet ne dissimulait qu'avec peine son contentement. Ainsi que nous l'avons dit, il avait marché à la tête des gardes de Frédéric, mais il avait eu soin de diriger les recherches de manière à les rendre infructueuses. De retour au palais, il avait reçu de son maître les félicitations les plus flatteuses et les récompenses les plus brillantes.

C'en était donc fait, le crime était consommé ; Frédéric n'avait plus de rival à craindre ; il ne s'agissait que d'attendre les résultats de cette action déloyale ; mais cela pouvait conduire loin, et l'impatient duc de Lorraine ne se nourrissait pas d'espoir, le génie de Thibault allait de nouveau être employé ; et son imagination infernale enfanter un nouveau crime, désigner une nouvelle victime, lorsqu'un évènement imprévu vint fixer l'attention de Frédéric.

On sait combien le baron de Dompaire aimait son fils adoptif, on sait aussi que l'âge et les infirmités accablaient ce vieillard. On ne sera donc pas surpris d'apprendre que la nouvelle de la mort d'Aimond, en lui portant un coup aussi terrible qu'innattendu ait abrégé ses jours. Cet homme respectable termina sa carrière un mois après l'arrivée de Robert à Dompaire.

Si quelque chose pouvait augmenter la douleur d'Angela, certes c'était bien cet évènement. Aussi fut-elle portée au point qu'on trembla pour ses jours.

Le méchant rit du malheur qui accable l'homme honnête. Frédéric fut joyeux de la douleur d'Angela et de la perte qu'elle venait d'éprouver. Cette circonstance d'ailleurs était précieuse pour lui et servait merveilleusement ses projets criminels. La baronnie de Dompaire, comme on sait, dépendait du duché de Lorraine, l'existence du baron terminée, Angela ne pouvait en garder la possession qu'en venant rendre hommage à son souverain, et en faisant choix d'un époux ; cette circonstance donnait donc l'assurance à Frédéric de posséder la belle Angela : ce fut pour cet instant qu'on réserva toutes les ruses ; on donna quelques semaines aux larmes et pendant ce repos la fertile imagination de Thibault prépara de nouveaux moyens de séduction.

Angela ne pouvait surmonter sa douleur ; dans un si court espace perdre son père et son amant ; se voir ainsi privée de deux objets si chers à son cœur, de ceux qui seuls l'attachaient à la vie. Ce sont des coups qu'on supporte difficilement, cependant tout lui commandait de renfermer sa douleur : elle se trouvait à la tête d'une baronnie considérable, mille soins, mille détails l'appelaient. Elle ordonna les obsèques de son père, les funérailles furent faites avec pompe. Tous les habitans de *Mirecourt*, *Darnci*, *Épinal*, *Ville*, *etc*, s'étaient rendus à Dompaire ; la route que le cortège devait suivre était jonchée de fleurs, les pleurs de ces bons paysans accompagnaient les chants d'un clergé nombreux. Tous les seigneurs

Voisins entouraient le sarcophage, et la douleur la plus vive se lisait sur tous les visages. Pendant huit jours les travaux furent suspendus, et ce beau pays n'offrit aux yeux du voyageur étonné que l'image de la désolation.

Combien ces marques d'attachement étaient précieuses à Angela! elles contribuèrent beaucoup à adoucir ses regrets, à soulager son cœur.

Vers cette époque arriva un message de Frédéric; après avoir exprimé ses regrets snr la mort du baron; il rappelait à Angela que, suivant les usages, elle devait lui rendre foi et hommage pour la baronnie dont elle se trouvait en possession, et en outre faire choix d'un époux dans le plus bref délai.

Cette obligation renouvelait les chagrins d'Angela. Faire choix d'un époux lorsque les cendres de son amant, de l'ami de son cœur, d'Aimond, fumaient encore! Ah ! jamais... Cependant la loi le veut, elle ne peut rester suzeraine, si elle

ne contracte point les liens du mariage.
Cette obligation est terrible pour Angela,
mais elle n'en est pas moins juste; en effet,
que pourrait une femme contre un voisin
ambitieux qui voudrait envahir ses domaines?... Un époux au contraire peut repousser la force par la force, sa présence
seule suffit pour ôter toute idée d'inva-
sion.

Angela appela près d'elle les amis de
son père, leur ouvrit son cœur, leur fit
connaître son amour, ses chagrins et ses
incertitudes, et réclama leurs conseils.
Après avoir mûrement réfléchis, sur
toutes les circonstances, ils l'invitèrent à
se rendre à Lunéville pour y prêter le
serment d'usage et à réclamer de Frédéric
le plus long délai possible pour faire choix
d'un époux.

A peine la nouvelle de sa prochaine arrivée fut-elle parvenue à Guéréhard que
tout fut mis en mouvement dans le palais.
L'intention du duc était d'éblouir Angela
par sa magnificence et l'éclat de ses riches-

ses. Thibault muni des ordres nécessaires, ordonnait tous les travaux, et déjà des salles de danses, des arcs de triomphe, des emplacemens pour les tournois et les joutes s'élevaient de tous côtés. Les hommes d'armes répétaient des manœuvres et des combats simulés. Le peuple qui n'avait point oublié Angela lors du court séjour qu'elle fit au palais à la mort de Guéréhard, se réjouissait de la posséder de nouveau, et voyait avec joie les préparatifs immenses qu'on faisait pour sa réception. D'ailleurs, tandis que Frédéric s'occupait de cet objet, il ne songeait pas à de nouvelles levées d'hommes, à de nouveaux impôts, à de nouvelles séductions. Le sommeil des tyrans est le repos du peuple, et personne ne pouvait mieux que les Lorrains sentir cette vérité.

Quant à Angela, les apprêts de son voyage furent bientôt terminés, un faible détachement de ses hommes d'armes, deux de ses femmes, quelques domestiques, composaient son cortège, et ce fut dans ce simple appareil qu'elle prit la route de Lunéville.

Abandonnons quelques instans cette innocente victime du sort, et reportons-nous dans le bois où Aimond ; attaqué par une troupe d'assassins , défend valeureusement sa vie et succombe enfin sous le nombre.

CHAPITRE II.

Il n'est pas mort.

AIMOND blessé au côté s'était vu privé de ses forces : les brigands l'avaient renversé sur son cheval, et vingt poignards, levés à-la-fois, allaient priver de la vie l'amant d'Angela ; son écuyer Robert avait jetté un cri douloureux, et se sauvant à toute bride avait couru annoncer la mort de son maître.

Le ciel cependant en avait autrement ordonné : à l'instant où le fer homicide s'était approché de la poitrine d'Aimond, un de ses assassins avait, d'un signal, suspendu cette terrible exécution, les brigands surpris étaient restés le fer levé et les yeux fixés sur lui. « Amis, leur » dit-il, écoutez-moi : je suis las de verser » le sang de mon semblable et de ne me

» procurer par des crimes qu'une exis-
» tence souvent malheureuse ; il est tems
» de me faire un sort, et je vais agir en
» conséquence. En frappant ce chevalier,
» vous n'avez d'autre but que de gagner
» l'or que je vous ai promis, et moi d'obéir
» aux ordres que j'ai reçus. Eh bien !
» laissez-le vivre, et recevez de même
» votre portion : la voilà. Votre intérêt
» ne se trouve pas compromis, et votre
» conscience en sera plus tranquille.
» Quant à moi, je me charge de sa per-
» sonne, et, s'il veut m'assurer de quoi
» vivre le reste de mes jours, je le con-
» duis dans une retraite ignorée de toute
» la terre, où tous les soins et les égards
» lui seront prodigués, qu'il parle, qu'il
» dise si mon projet lui convient; s'il le
» rejette ? prenez que je n'ai rien dit et
» frappez, moi-même je vais vous en
» donner l'exemple. »

Étonné, surpris de ce qu'il venait d'entendre, Aimond ne savait que dire. —
Allons, réponds donc ? — Il vous est or-

donné de m'assassiner ? — Oui. — Eh !
quel est le barbare qui a pu commander
ce meurtre, ne puis-je le connaître ? —
Non. — C'est donc moi que vous cherchiez ? — Oui. — Vous saviez donc que je
devais guider mes pas de ce côté — Oui.
Mais assez de questions, on peut venir :
vois, accepte ma proposition, ou bien ?,...
et déjà le fer brillait de nouveau.

Aimond consentit à tout : l'espoir, ce
dernier sentiment qui nous accompagne
jusqu'au tombeau, qui nous console dans
l'adversité, qui nous aide à supporter le
malheur, l'espoir guida sa réponse. Alors,
à un signal, on amena deux chevaux, la
plaie du chevalier fut pansée, on le porta
sur la selle du cheval, on lui banda les
yeux et l'on partit.

De combien de réflexions l'esprit de
notre héros n'était-il pas occupé ! le vainqueur de Bovines, l'ami de Philippe-
Auguste, le fils adoptif du Baron de Dompaire, l'amant d'Angela, au milieu d'une
troupe d'assassins ! conduit par elle dans

un lieu ignoré, loin peut-être de ce qui lui est si cher ! ajoutons le desir de connaître son ennemi, et faisons-nous une idée de la situation d'Aimond. Qui a pu lui donner un adversaire aussi barbare ? Serait-on jaloux de sa gloire, des distinctions flatteuses qu'il a reçues d'un grand roi, de son amour pour Angela ? Il ne s'est jamais connu de rival, à moins que Frédéric....... il repousse cette idée avec horreur ! un assassinat ne peut être commandé par un souverain ; d'ailleurs, il ne connaît point Angela ; il la connaîtrait, il l'aimerait même qu'il n'emploierait pas ces moyens odieux pour la lui ravir ; alors pourquoi donc cette conduite mystérieuse, pourquoi ce crime prémédité... Aimond se perdait dans un dédale de conjectures,

A gauche de Lunéville on trouve *Barcarat*, à cent pas de cet endroit au pied d'une montagne est une vieille masure entourée de haies qui en masquaient la vue, c'est là qu'on conduisait l'infortuné chevalier. Un peu avant d'y arriver, on avait fait halte, les brigands s'étaient partagés l'or, puis s'étant dispersés, Aimond était resté avec celui qui lui avait adressé la parole ; ils avaient continué leur route et étaient enfin parvenus à la demeure de Roch ; c'est ainsi que se nommait cet homme.

Arrivé près des haies, Roch prenant un cornet qu'il portait en bandoulière, en sonna trois coups, aussitôt la haie s'ouvrit et on fit entrer Aimond. Hé bien ? dit une voix aigre et cassée. — J'ai réussi, répondit Roch, voilà notre prisonnier. — Ah! tant mieux, tu en as déjà bien assez tué, sans tremper encore une fois tes mains dans le sang. Ici Aimond frissonna de tous ses membres. — Allons, allons, monsieur, reprit la voix, ne craignez rien, vous êtes en sûreté ; et, pourvu que vous ne cherchiez pas à vous évader, vous jouirez ici d'autant de liberté que chez vous. Roch : ôtes donc le bandeau qui couvre les yeux de ce jeune chevalier ? — Ah ! tu as raison, aussi bien doit-il desirer voir le jour. En disant ces mots, il détacha le mouchoir qui lui couvrait la vue, et Aimond vit les lieux destinés à lui servir de prison, et les personnes avec lesquelles il allait habiter. Roch pouvait avoir cinquante ans ; il était grand, robuste, les sourcils noirs et épais, les cheveux gris et crêpus ; une mauvaise souquenille et une toque de laine composaient son costume ; quant à la voix glapissante qu'Aimond avait entendue, c'était celle de la femme de Roch, petite vieille de soixante ans, à l'œil perçant, au maintien cassé, au geste vif et digne en tout de son époux.

L'habitation n'avait rien de bien consolant : une mauvaise cabane, un vieil angar étaient les seuls bâtimens qui s'offraient à la vue. Aimond ne put se défendre d'un mouvement de répugnance ; Roch s'en apperçut. — Eh quoi ! sire chevalier, de l'humeur ? Est-ce que vous ne trouvez pas votre demeure agréable ? parbleu , vous avez tort ; songez donc qu'un pouce de terre dans ce monde vaut mieux qu'un palais dans l'autre ; vous vous y ferez, au surplus vous n'avez pas encore tout vu ; entrez , entrez, aussi bien nous avons un petit compte à régler.

Il s'agissait de payer Roch. Aimond donna une grande partie de l'argent qu'il avait sur lui : à la vue des pièces d'or, la figure de Roch se dérida ; cependant, reprenant promptement sa sévérité , tout cela ne suffit pas , dit-il , en exécutant mes ordres, je serais devenu nécessairement le propriétaire de cet or ; en vous conservant la vie, je dois y trouver un nouvel avantage. Aimond sentit la justesse de cette réflexion , toute affreuse qu'elle était. Eh bien ! reprit-il , je vous procurerai tous les mois le moyen de toucher une somme assez forte pour vous faire vivre commodément. — Vous le promettez ? — Je vous le promets. — Bien : au surplus je vous préviens que si vous manquez à votre parole , je tiendrai celle que

j'ai donnée à vos ennemis. — Je la tiendrai, et pour vous inviter à la confiance,
voilà pour le premier mois ; en disant ces
mots, Aimond tira un des diamans que
la reine lui avait donnés. A la vue du
brillant, Roch laissa échapper un épouvantable sourire : sacrebleu ! vous êtes un
brave homme, dit-il ; allons, conduisez-
vous bien et vous serez content de moi.
Mais, à propos, voyons votre blessure.
On ôta la bande, et la plaie n'offrit rien
d'effrayant. La femme Roch mouilla une
compresse qui fut appliquée à l'endroit
malade. Ce fut la dernière fois qu'on eut
à s'occuper de cet objet ; une entière gué-
rison suivit de près. Allons, reprit Roch,
donnez-moi votre bras, et venez voir par-
là si ma demeure ne vous offrira rien de
plus agréable.

Aimond se leva machinalement et le
suivit, arrivé à l'encoignure de la maison,
Roch dérangea quelques fagots, ouvrit
une porte qui était derrière et montra à
Aimond un petit jardin assez bien cul-

tivé, au bout d'une allée, on appercevait un pavillon. Voilà votre demeure, venez la visiter. Il conduisit Aimond au petit édifice ; il était composé de plusieurs pièces meublées avec la plus grande simplicité, mais d'une propreté extrême, quelques livres, un luth, pouvaient dissiper l'ennui d'une longue captivité. Aimond ne concevait pas un tel prodige. Il fit quelques questions à son hôte ; mais celui-ci n'y répondit point. Que vous importe, dit-il, de savoir par qui et pour qui cette solitude fut construite, jouissez-en puisque je le veux bien et ne vous inquiétez de rien ; ici, vous serez entièrement libre, je ne viendrai vous voir que pour vous apporter vos provisions, en mon absence, ce sera ma femme ; si vous avez besoin de quelque chose, vous voyez ce cornet suspendu à la muraille, sonnez-en un coup et nous sommes à vous, hors çà, vous êtes votre maître et nous ne viendrons pas vous interrompre. Adieu, allons mor-bleu, de la gaîté, la tristesse n'avance à rien. Eh! mon dieu! Je connais plus d'un grand qui changerait volontiers son palais contre votre retraite, il y vivrait plus tranquille; je vous quitte et vous laisse en toute assurance, car je n'ai pas peur que vous vous échappiez.

En effet, Roch pouvait être tranquille, cette habitation, ainsi que nous l'avons déjà dit, était située au pied d'une montagne et entourée par des haies dont l'épaisseur en dérobait la vue, c'est dans la montagne même qu'était creusée la partie habitée par Roch et sa femme, sur la droite était l'entrée de la demeure qui venait d'être donnée à Aimond. Une commotion volcanique avait sans doute, dans un tems plus reculé, séparé la montagne, il se trouvait au milieu un espace de vingt-cinq à trente pieds de large. C'est dans cette gorge formée par la nature que l'habitation d'Aimond se trouvait. Elle était invisible aux yeux du monde puisque la montagne en formait les murailles qui s'élévaient à plus de cinquante pieds. L'entrée de cette demeure se trouvant dans l'intérieur de la maison de Roch, il était impossible de s'en échapper, et à moins que d'avoir des aîles, il fallait rester prisonnier.

Aimond avait tout le tems de la réflexion, aussi en faisait-il beaucoup qui n'étaient pas toujours consolantes, il se représentait l'inquiétude d'Angela, celle du baron ; il regrettait de s'être soustrait à la mort ; il voulait se la donner lui-même pour s'affranchir de ses maux ; mais l'idée qu'on se lasserait peut-être un jour de le persécuter, qu'un hazard pouvait lui procurer des moyens d'évasion et lui faire revoir son amante, suspendait ses résolutions et calmait un peu sa douleur.

Depuis trois jours il habitait cette retraite, lorsque dans une nuit sombre, il fut réveillé par un grand bruit dans l'habitation de Roch. Un instant après on frappa vivement à sa porte, il descendit de son lit et ouvrit, c'était son hôte. — Allons, vîte, lui dit-il, suivez-moi. — Pourquoi ? — On vous cherche. — Qui ? — Vos persécuteurs. — Comment ? — Ah! nous n'avons pas le tems de rien expliquer, venez. Ils sortirent ; arrivés dans la pièce d'entrée, Roch poussa le panneau d'une boiserie, elle s'ouvrit et laissa voir un enfoncement capable de contenir un homme. Tenez, là, et le diable sera bien malin s'il vous y découvre. Aimond allait répliquer, mais plusieurs voix se firent entendre, Roch poussa son prisonnier dans la cachette et referma le panneau.

Aimond ne comprenait rien à tout ce qui lui arrivait. Bientôt il entendit parler, il écoute, et la conversation suivante frappe son oreille.

Je pensais, seigneur, que vous comptiez assez sur moi pour vous en rapporter à ma déclaration? — Mon cher Roch, dans une affaire de cette importance, on ne saurait trop s'assurer des faits.— Maintenant vous voilà convaincu, vous avez visité ma demeure, ce pavillon, et vous voyez que personne n'est caché ici. — Oui, sans doute; mais tout cela est de ta faute,

faute, pourquoi n'avoir pas gardé le cadavre, ainsi que nous en étions convenus ?
— Ma foi, pour vingt pièces d'or de plus,
je ne l'eus pas fait ; il y a trop de risques
à courir. — C'était cependant notre con-
vention ? — Oui, mais j'ai réfléchi. —
Allons, il suffit. Mais ce pavillon est fort
propre, il serait possible que d'ici à quelque tems..... nous verrons cela plus tard ;
le jour n'est pas loin de paraître, et je
pars ; je ne voudrais pas pour beaucoup
que l'on me vît sortir de chez toi. —
Monseigneur, me fait beaucoup d'honneur, assurément. — Vous autres frip-
pons, vous tenez bien à cela ? c'est l'argent qui vous flatte, et, dieu merci, tu
m'en coûtes assez. Adieu.

Cette conversation terminée, Aimond
n'entendit plus rien. Il était saisi d'horreur : une simple cloison le séparait de
son assassin ; il venait d'entendre ses questions pour s'assurer de sa mort ! Qui
pouvait donc, grand dieu ! aiguiser ainsi
les poignards, diriger les mains homi-

cides pour le frapper ? Quel intérêt pou-
vait-on avoir à lui percer le sein ?... à lui
qui n'avait offensé personne, et qui jusqu'à ce jour n'avait connu d'ennemis que
ceux de son pays.

Roch vint le tirer de sa cachette. Eh
bien ! lui dit-il, vous l'avez échappé belle,
car c'était vous qu'on cherchait, oui ; je
ne sais sur quel diable de rapport on
avait conçu l'idée que je vous avais épar-
gné ; mais enfin le voilà détrompé, et
j'ai achevé de le convaincre en lui mon-
trant quelques vêtemens que j'avais........
Allons, reprenez votre tranquillité, elle
ne sera plus troublée ; ce contre-tems
était le seul à craindre, et nous ne devons
plus avoir d'inquiétude.

En effet, depuis ce moment rien n'in-
terrompit la vie solitaire d'Aimond, et
des mois entiers s'écoulèrent, sans que
personne ne vînt essuyer ses larmes ni
distraire sa douleur

CHAPITRE III.

Arrestation d'Angela.

Tandis qu'Aimond était accablé par malheur, qu'il gémissait dans une triste captivité, Fréderic était heureux. Angela était à Lunéville, et les fêtes les plus pompeuses, les spectacles les plus brillans lui avaient été offerts. Rien, il est vrai, n'avait pu adoucir sa douleur ; toute entière au souvenir de son père, de son amant, elle n'avait vu que d'un œil baigné de larmes, le luxe qui avait été déployé pour sa réception.

L'amoureux Frédéric se flattait de sécher ses pleurs ; en attendant cet heureux événement, il lui prodiguait tous les soins qu'on aurait à peine droit d'attendre d'un sujet. Cette manière d'agir contrastait trop avec la fierté du duc, pour qu'Angela ne devinât point le sentiment qui le guidait; elle ne présumait pas qu'il allait bientôt lui causer des larmes; elle était loin de penser que déjà il avait fait lever un fer homicide sur son amant!..... Oh ! alors, quelle eût été son horreur pour le duc !

Frédéric, par de nouveaux incidens, reculait sans cesse le jour fixé pour recevoir le serment d'Angela; ces retards portaient dans le cœur de l'amante d'Aimond une secrète inquiétude. Enfin ne trouvant plus de nouveaux moyens pour différer cette cérémonie , il fit demander à Angela un entretien particulier, et s'exprima ainsi :

« Belle Angela, il me serait impossible » de dissimuler plus long-tems les sen- » timens que j'éprouve pour vous ; vous, » avez allumé dans mon cœur tous les » feux de l'amour: déjà votre vertueux » père en avait été instruit, c'est de lui » que j'ai su que votre main était pro- » mise ; et , dès-lors, renfermant mon

» amour dans les bornes du respect, j'ai
» cessé de prétendre à vous obtenir; mais
» aujourd'hui qu'un accident affreux vous
» prive de cet Aimond, objet des refus
» que j'essuyai; qu'un malheur plus ter-
» rible encore vient de vous enlever votre
» père, rejetterez-vous de nouveau l'offre
» de ma main? Ferez-vous mon malheur
» et le vôtre? oui, le vôtre, car c'est
» être barbare à soi-même que de refuser
» celui qui vous aime d'un amour véri-
» table. Ah! de grâce, agréez l'hommage
» de mon cœur, comblez mes vœux, et
» je jure ici de vous rendre la plus heu-
» reuse des femmes. »

Angela le regardant avec tranquillité
répondit: « Il est flatteur pour moi, sci-
» gneur, d'avoir fait naître, dans le cœur
» du duc de Lorraine, une passion assez
» forte pour le conduire à descendre jus-
» qu'à sa vassale; mais si l'amour vous
» porte à cet oubli de votre dignité, je
» suis incapable de profiter de ce moment
» d'erreur: d'ailleurs, mon intention est

» de suivre les volontés de mon père. Il
» a voulu que je sois l'épouse d'Aimond ;
» une horrible perfidie me prive de l'ami
» de mon cœur, je n'en serai pas moins
» fidelle à sa cendre, et je l'avouerai,
» prince, tel fut le motif de mon voyage
» en ces lieux. Après vous avoir juré
» obéissance, je venais réclamer de votre
» bienveillance la permission d'éloigner
» autant que possible l'époque à laquelle
» je devais prendre un époux ; vous voyez
» que j'étais loin de m'attendre à ce que
» vous me proposez : ajoutez donc aux
» égards que vous avez pour moi celui
» de ne point me parler d'un sentiment
» que je ne puis ni ne dois écouter : vous
» trouverez facilement une beauté jalouse
» de vous plaire, qui ambitionnera votre
» amour, et fera tout pour le mériter.
» Laissez la malheureuse Angela seule
» avec sa douleur, et ne cherchez pas à
» faire naître en elle un sentiment qu'elle
» n'éprouvera jamais ».

La fierté de Frédéric venait de recevoir une nouvelle humiliation : déjà la colère se peignait dans ses traits ; elle animait ses mouvemens ; mais , se contraignant encore, il ajouta : « J'attendais » plus de générosité de votre part, An- » gela ; je pensais que , rejettant mon » amour , vous prendriez plus de pré- » caution pour détruire la douce illusion » qui, depuis deux ans , m'occupe tout » entier ; la prudence au moins semblait » vous l'ordonner , car enfin vous êtes en » ma puissance. — Je crois le duc de Lorraine incapable d'en abuser. — A quoi ne peut pas se porter l'amour offensé ! Je vous adore : vous rejettez mes vœux pour un être qui n'est plus ; craignez que ma passion irritée par vos refus ne me fasse employer mon autorité. — Cette conduite serait indigne d'un chevalier. — Vos dédains seraient mon excuse. — Elle ne ferait qu'accroître ma haîne.— Votre haîne ? — Oui, tel est le sentiment que j'éprouverai pour vous au moindre acte de violence de votre part. — C'en est trop. Vous me bravez, eh bien ! laissez-là donc éclater cette haine , car dès ce moment vous êtes prisonnière en ce palais. — Qu'entends-je ? — La vérité. — Si vous pouviez oublier à ce point les convenances et les égards dus à mon sexe, les braves qui m'accompagnent sauraient me soustraire à cette tyrannie. — Ils n'en ont pas le pouvoir. — Comment ? — J'avais prévu vos refus, et mes mesures étaient prises ; ils sont en ma puissance. — Dieux ! — Vous le voyez, vous n'avez d'autre moyen de recouvrer votre liberté que de souscrire à mes desirs et de me rendre le plus heureux des hommes. — Moi, jamais. — Ma présence détruira cette répugnance. — Votre présence me fait horreur. — Prenez-garde, Angela ; vous ne savez pas à quelles violences vous pouvez me porter. — Je les méprise toutes.. — Je n'ai qu'un mot à dire, et ce palais qui pour vous eût été le temple du bonheur deviendra une affreuse prison. — Faites plus, privez-moi de ma liberté. — Vous avez devancé ma pensée , car c'est ce que j'allais faire.

Il dit : et appelant Thibault qui se tenait dans une salle voisine : Thibault, je te confie madame ; surveilles toutes ses actions , toutes ses démarches ; qu'elle ne jouisse d'aucune liberté jusqu'à ce que des sentimens plus doux aient remplacé dans son cœur la haine qu'elle me porte. Oui , fière beauté , vous ne recouvrerez la liberté qu'en consentant à combler mes desirs ; jusqu'à ce moment , vous êtes ma prisonnière.

Ce fut inutilement qu'Angela invoqua les droits de l'hospitalité , qu'elle fit sentir à Frédéric combien sa conduite était méprisable en ce moment ; il fut sourd à sa voix , et sortit en la recommandant à son digne confident.

Angela fut reléguée dans son appartement , et , dès ce moment la plus active surveillance déployée à son égard ; elle ne pouvait ni écrire , ni voir personne : une vaste cour était le seul endroit où elle avait la liberté de se promener, et encore était-elle accompagnée de plusieurs gardes.

On avait répandu le bruit dans Lunéville que quelques intérêts particuliers avaient forcé Angela à se rendre à la cour de Philippe-Auguste ; qu'elle était partie avec sa suite au milieu de la nuit, desirant se soustraire aux témoignages d'attachement du peuple. C'est ainsi que le public abusé attendait patiemment le retour d'Angela, tandis qu'elle gémissait dans une affreuse captivité.

CHAPITRE IV.

Evasion. — Imprudence. — Nouveaux malheurs.

On ne peut guères comparer la destinée d'Angela qu'à celle d'Aimond. A la vérité, quoi de plus affreux que le sort de ces amans, privés tous deux de leur liberté, gémissant l'un et l'autre dans la captivité et ignorant le but de tant de persécutions !

Aimond n'avait point à se plaindre de son hôte, Roch avait pour lui tous les égards qu'il était possible d'attendre d'un homme semblable. Le prisonnier, il est vrai, était généreux ; il n'épargnait point l'or, et une pièce de ce métal rallumait singulièrement l'humanité de son gardien. Grâce à lui, il jouissait de toute la liberté que peut desirer un captif ; mais le plus charmant séjour devient insipide par l'idée seule qu'on y est retenu. Aimond eût préféré un désert où il aurait joui de sa liberté à la charmante habitation dans laquelle il était renfermé.

Souvent il contemplait la hauteur de la montagne qui de tous côtés servait de murailles à son asyle, et ses yeux fixés vers le ciel ne se reportaient sur la terre que mouillés des larmes du désespoir. Dans ces momens, sa demeure était dépourvue de tous agrémens; il ne la regardait plus que comme un tombeau dans lequel il devait finir son existence, il murmurait contre la prétendue humanité de Roch qui l'avait soustrait à la mort, il eut volé au-devant du coup mortel; et, lorsque dans cet instant son gardien venait le visiter, il l'accablait de reproches; celui-ci qui ne pouvait pas s'imaginer que la mort fût préférable à la vie, riait de la colère d'Aimond, et se retirait en lui annonçant que bientôt il changerait d'avis. En effet, l'image d'Angela venait-elle occuper la pensée de notre prisonnier? alors ses idées devenaient moins sombres, un avenir plus riant se montrait à son imagination ; il la voyait instruite de sa captivité, réunissant ses troupes et volant à sa délivrance. Avec quel plaisir il se la figurait entrant la première dans sa retraite, le pressant sur son cœur ! oh ! alors il chérissait la vie, et Roch, qui l'instant d'avant avait été accablé de ses malédictions, devenait l'objet de ses remercîmens et de ses félicitations.

Un jour, il était assis sur le gazon et plongé dans ses rêveries, lorsque plusieurs pierres tombèrent autour de lui ; il pensa d'abord qu'elles se détachaient d'elles-mêmes ; mais comme cela recommençait à des distances égales, il porta la vue au ciel et s'apperçut qu'elles étaient lancées de dessus la montagne. Surpris de cet événement, il crut y découvrir une intention marquée : prenant alors un arc qui servait à son amusement, il plaça une flèche, tendit le fil et décocha le trait

de toutes ses forces ; plusieurs retombè-
rent sans avoir atteint le faîte de la muraille, il redoubla de force et de courage
et parvint à surpasser les parois de la
montagne, Un instant après une pierre
plus forte que les autres tomba à ses
pieds, elle portait un billet. Aimond surpris, s'en empara, et y lut ces mots:
soyez à minuit dans cet endroit. Étonné
de ce message, ne pouvant soupçonner
par qui il lui était envoyé, il remercia
cependant la providence qui, dans cette
occasion, semblait ne point l'abandonner,
et se promit de ne pas manquer le ren-
dez-vous. Il lança quelques traits, espérant par ce moyen apprendre à celui qui
paraissait s'intéresser à son sort que le
billet était parvenu à sa destination.

Dans quelle anxieté ne fut-il pas tout
le reste du jour ? Combien d'idées se
succédèrent dans son esprit ; Angela était-
elle instruite de son sort ? venait-elle le
délivrer ? Les rêves de son imagination se
réalisaient-ils ? Ou allait-on lui apprendre

une simple nouvelle ? Il cherchait vainement à fixer ses idées, il ne pouvait y parvenir ; enfin le tems s'est écoulé, le soleil
éclaire un autre hémisphère, la nuit couvre
la terre de son obscurité, l'heure a sonné,
Aimond va connaître son destin. Il marche
au jardin ses regards fixés vers le ciel et attendant impatiemment que quelque chose
vienne frapper sa vue. L'heure indiquée
est passée et rien ne paraît encore, déjà il
croit qu'un faux avis est venu le tirer de
son indifférence, il va rentrer dans sa retraite, il jette un dernier regard ; mais, ô
prodige ! Une longue perche se balance
dans les airs, elle porte quelque chose à
son extrêmité. Elle se fixe, le paquet se
déroule et laisse pendre une corde garnie
de nœuds, Aimond saisit avec empressement l'instrument qui va servir à sa
délivrance, le cordage glisse sur la perche et par ce mouvement s'approche de
la muraille, il n'existe plus de difficultés, Aimond prend le cable à deux mains
et gravit le plus promptement qu'il lui

est possible, son agitation augmente sa fatigue, à peine est-il à moitié de la hauteur et déjà ses forces sont épuisées; mais on a tout prévu; à la corde qui sert à sa délivrance est suspendu une phiole remplie d'une liqueur cordiale; Aimond l'atteint, en fait usage, et le breuvage salutaire en ranimant son courage le fait parvenir au sommet de ce roc. Il jette un dernier regard sur cet asyle, muet témoin de sa douleur et de ses larmes, puis cherche à achever son évasion, mais un obstacle l'arrête, un large fossé couronne dans toute sa longueur la montagne. Cette précaution avait été jugée nécessaire pour empêcher l'approche des bords, ce qui eût infailliblement découvert la retraite de Roch, Aimond ne savait comment le franchir, ce fossé était rempli de fange, formée par les pluies, une heureuse inspiration vint le frapper, la longue perche qui lui avait apporté le cordage protecteur traversait le fossé, après un instant de réflexion, et ne trouvant pas

d'autres

d'autres moyens, il la saisit à deux mains, et ainsi suspendu, il fit la traversée, ce moyen était tout à-la-fois pénible et dangereux, la perche était flexible, elle pouvait rompre sous le poids et Aimond était englouti dans des eaux putrides et corrompues; mais sa destinée lui fut favorable, et il parvint sans accident jusqu'à l'autre bord. Son premier soin fut de chercher à découvrir à qui il devait la liberté, il marchait dans l'obscurité et ne découvrait personne; tout-à-coup, deux hommes sortent de derrière des arbres, c'est lui, s'écrie l'un d'eux, et aussitôt se jettant dans ses bras, Aimond, mon cher Aimond, enfin je vous revois; à ces embrassemens, à la joie que témoigne l'inconnu, Aimond a reconnu Thierry, le fidèle Thierry, il le presse sur son cœur et lui donne mille preuves de sa reconnaissance. Mais les momens sont précieux, un instant de retard peut devenir fatal, le prudent Thierry s'arrache des bras de son maître et sans répondre aux

nombreuses questions qu'il lui adresse,
il l'entraîne ; des chevaux paraissent,
Thierry en présente un à Aimond, mon-
tez, lui dit-il, et à toute bride à Dompaire, nous n'avons plus que quatre heures de nuit et nous avons encore dix lieues
à faire. — Où sommes-nous donc ? — A
Barcarat. Les chevaux dociles, obéissant
à la voix de leurs conducteurs les empor-
tent avec la rapidité de l'éclair, l'écume
couvre leur mords, la sueur sort de toutes les parties de leur corps ; mais l'éperon soutient leur courage, et l'aube du
jour ne paraît pas encore qu'ils sont dans
les cours de l'antique château.

Que de sensations différentes la vue de
cet asyle fit éprouver à Aimond ! quels
sentimens de respect et d'admiration s'éle-
vèrent dans son ame à la vue de ces antiques murailles, de ces tours, de ces cré-
neaux noircis par le tems ! Enfant inconnu,
il fut élevé par le baron, nommé l'époux
de sa fille. Cette demeure a été témoin de
ses premiers soupirs, de ses premiers

chants. Ah! combien il était loin de penser qu'elle allait recueillir ses larmes! que la mort cruelle l'avait privé de son bienfaiteur, de son père, et qu'un acte de tyrannie, inoui, inconnu jusqu'à ce jour, retenait Angela loin de ses foyers!

Aussitôt qu'il fut descendu de cheval, Thierry s'empara de lui et l'entraîna dans la galerie du château. Puis après lui avoir donné en liberté les marques de son attachement: c'est à présent, lui dit-il, que vous avez besoin de tout votre courage; vous reconnaissez cette galerie, c'est ici que pour la dernière fois vous reçûtes les ordres du baron, souvenez-vous de vos sermens et écoutez-moi: aussitôt que votre écuyer Robert nous eut appris votre mort, le baron fut frappé de douleur: son âge, ses infirmités, l'empêchèrent de supporter un coup aussi sensible à son cœur. Il y succomba, et la mort vous a privé de votre bienfaiteur, de votre père, de votre ami. — Quoi! le baron?..... — N'est plus. — O mon dieu! Et Aimond versa un torrent de larmes. Ce n'est pas le moment de vous livrer à la douleur, reprit Thierry, il est un autre moyen d'honorer les cendres du mort, c'est de sauver sa fille. — Sa fille? — Oui, Angela est au pouvoir de l'indigne Frédéric de Guéréhard. Il la retient prisonnière en son palais.— Qu'entends-je ? Augela ! Frédéric ! Il faut partir, il faut l'arracher des mains de l'infâme, il faut....—Un moment, de grace, écoutez-moi, je vous en conjure: la nouvelle de votre mort causa celle de notre bon maître, mademoiselle Angela se trouvant à la tête de sa baronnie fut obligée de rendre hommage au duc de Lorraine, souverain de cette propriété. Frédéric, lors d'un voyage qu'il fit ici avait vu Angela, s'était enflammé pour elle et avait demandé sa main au baron; celui-ci, incapable de trahir la parole qu'il vous avait donnée, le refusa. Frédéric désespéré renferma sa colère et se retira. Le baron par prudence s'était bien gardé de lui dire que vous étiez le motif de son refus, je ne sais par quel moyen il l'apprit : le bruit de votre mort ranima ses espérances ; et, lorsqu'Angela fut à Lunéville remplir les usages voulus par les lois, ce fut au milieu des fêtes les plus somptueuses que Frédéric lui déclara de nouveau son amour. Vous connaissez le cœur de votre amie, et devinez sa réponse : elle irrita de nouveau Frédéric, et le porta à l'oubli total de cette loyauté qui doit distinguer un chevalier. Angela est captive dans son palais, et ne doit obtenir sa liberté que lorsqu'elle aura consenti à satisfaire le duc : telle est sa position ; mais un mystère impénétrable couvre cette félonie. Frédéric n'est point aimé de ses sujets : ce nouveau trait de despotisme aurait pu aigrir les esprits ; il a donc prudemment répandu le bruit qu'Angela s'était rendue à la cour de France, pour l'exécution de quelques clauses contenues dans le testament de son père. Le peuple ainsi abusé attend son retour, et est loin de soupçonner l'affreuse tyrannie exercée envers elle.

Aimond était muet de surprise et d'indignation : ce récit venait de lui révéler d'horribles secrets. Eh quoi ! s'écria-til enfin, lorsque j'échappe, comme par miracle, à une captivité aussi cruelle que la mort, je ne suis rendu à la liberté que pour voir celle qui m'est chère au pouvoir d'un barbare ! que pour apprendre la mort du meilleur des pères ! ah ! Thierry ! quel cruel service tu m'as rendu ! pourquoi ne me laissais-tu pas dans mon tombeau, je n'eus pas connu tant d'atrocités ! — Angela a besoin d'un vengeur, et vous êtes seul en état de la défendre ; c'est votre épouse, c'est la fille de votre bienfaiteur, à vous seul convient le titre de son libérateur. — Oui, elle sera vengée : rassemblons les vassaux de cette baronnie : ils sont en petit nombre ; mais le courage les multipliera : marchons à la retraite du criminel, et arrachons lui sa victime. — O mon cher maître ! de la prudence, ou nous sommes perdus. — Je

n'écoute rien : je cours délivrer celle que
j'aime. — Arrêtez, au nom de l'amitié que
vous m'avez témoignée, ne faites pas une
démarche imprudente qui détruirait tous
nos projets, et ne ferait que hâter la perte
de celle que vous aimez. — Puis-je hésiter
en de pareils instans ? va, ne crains rien !
si Frédéric a pour lui la force et la ruse,
j'aurai pour moi le courage et mon bon
droit : la victoire ne peut rester incertaine
entre l'honneur et la perfidie. — Au nom
du ciel, daignez m'écouter ! Qu'allez-vous
faire ? pensez-vous que votre courage et
la légitimité de votre cause suffiront pour
vous défendre contre des légions d'hommes armés ? et d'ailleurs, quelles preuves
pouvez-vous donner qu'Angela est au
pouvoir du duc ? aucunes. Vous passerez
pour un séditieux, se révoltant contre
son souverain : vous vous verrez aban-
donné par ceux même qui auront montré
le plus d'enthousiasme pour la défense
de votre cause, et vous succomberez avec
la douleur de n'avoir fait qu'augmenter

les maux de celle que vous voulez venger.
Croyez - moi, écoutez les conseils d'un
vieux serviteur qui veut votre bonheur;
mais qui répugne à vous le voir chercher
par une inconséquence : fiez-vous à son
expérience. J'ai vieilli parmi les grands,
je ne fus pas toujours au service du vertueux baron; je connais l'astuce, la perfidie dont ils savent couvrir leurs empor-
temens criminels : rien n'est impossible
à leur vengeance ; tous les moyens sont
bons, quand il s'agit d'assouvir leur haîne,
et Frédéric peut être mis de ce nombre.
Vous ne savez pas les affreux soupçons
que je suis disposé à avoir sur lui ; et je
tremble de vous les communiquer. Votre
tête est jeune, vous êtes bouillant, emporté; l'idée seule d'une perfidie enflamme
vos sens, et, dans les circonstances pré-
sentes, un mot, un seul mot indiscret
peut nous perdre tous, et faire échapper
le fil que j'ai eu tant de peine à saisir et
qui doit nous conduire à des découvertes
de la dernière importance. — Ah ! dis-
moi

moi vîte, Thierry, j'ai besoin de connaître la mesure de mes maux. — Me pro-
mettez-vous de m'écouter avec tranquillité ? — Je te le promets. — Et, lorsque
je vous aurai instruit, de n'agir que d'a-
près mes avis ? Pardonnez si je parle ainsi,
mais le moment l'exige ; vous êtes privé
de conseils, d'amis, permettez - moi de
vous en servir. — Ah ! de grand cœur.
— Vous vous soumettrez donc à ce que
j'exigerai ? — Oui. — Vous me le promettez ? — Foi de chevalier. — Il suffit.
Maintenant vous allez tout savoir ; mais
passons dans un endroit où nous soyons
certains de ne pas être interrompus.

Il entraîna Aimond dans sa chambre,
et là, renfermés tous les deux, il lui
fit ainsi part des soupçons qu'il avait
conçus.

« Votre premier mouvement, en re-
couvrant votre liberté, eût sans doute
été de me demander comment j'avais découvert votre retraite ; mais ce que je
viens de vous apprendre vous a trop vi-

vement affecté pour vous permettre de songer à vous. Ces différens événemens ont cependant trop de rapport entr'eux pour que je tarde plus long-tems à vous les faire connaître : écoutez-moi.

» Il y avait quelque tems que la nouvelle de l'assassinat commis sur votre personne était parvenue à Dompaire, et j'avoue que j'avais, je ne sais pourquoi, regardé cet attentat comme prémédité, et cachant quelques perfidies. Un jour, après m'être fait répéter par Robert toutes les circonstances qui accompagnèrent ce meurtre, je demeurai convaincu de nouveau qu'on avait eu bien plutôt l'intention de vous arracher la vie que de s'emparer des richesses dont vous pouviez être supposé porteur. Tourmenté de cette idée, je formai le projet de tenter tous les moyens possibles pour obtenir quelques éclaircissemens. Je ne communiquai mon projet à personne, pas même à mademoiselle Angela : mes espérances pouvaient être déçues, mes démarches

vaines ; je ne lui aurais donc donné qu'un
faux espoir, plutôt capable de renouveler
sa peine que de diminuer sa douleur. Son
départ pour Lunéville me laissant libre
et sans occupation, je fis des démarches
et commençai mes recherches ; je déses-
pérais de réussir, lorsqu'un trait de lumière vint me frapper.

» J'ai depuis long-tems un neveu employé au palais de Frédéric : en y arri-
vant mademoiselle Angela le reconnut,
et le chargea de venir m'instruire de son
heureux voyage. Victor reçut avec joie
ce message ; il obligeait Angela et trouvait
une occasion de venir me voir, ce double
motif le fit accepter avec empressement.

» Toujours occupé de mon projet, je
lui fis mille questions ; je voulus savoir
quel effet la nouvelle de votre mort avait
produit à Lunéville. Il m'assura que le
duc vous avait beaucoup regretté ; il n'en
fut pas de même du sire Thibault, ajouta-
t-il. S'il se fût intéressé à cette avanture
et qu'il eût apporté dans les perquisitions

que Frédéric ordonna, toute l'activité que la circonstance exigeait, bien certainement les assassins n'auraient point échappés ; mais, bien au contraire, il dirigea les recherches vers les bords de la Vérouse, et l'on assure que c'est près de Barcarat que le crime a été commis.

» Je fus frappé de cette circonstance : je m'informai quel était ce Thibault, et Victor me répondit, en tremblant, que c'était à lui que le jeune duc devait une grande partie de ses défauts ; que ce personnage était fixé à la cour depuis plusieurs années, mais qu'il n'y avait obtenu d'autorité que depuis la mort de Guéréhard ; que personne ne savait d'où il venait, ni ce qu'il était : tout ce que je sais, ajouta Victor, c'est que cet homme fait des choses qui font trembler. Il y a quelque tems que je suis certain qu'il s'est encore couvert d'un nouveau crime, c'était justement le surlendemain de l'événement de M. Aimond ; au milieu de la nuit il monta à cheval et se fit accompa-

gner par quatre hommes : je fus du nombre. Il nous conduisit à travers des che-
mins, que le diable et lui peuvent seuls
connaître, à Barcarat. Arrivés au pied de
la montagne, à un signal qu'il donna,
une haie s'ouvrit, et nous entrâmes dans
une espèce de cour au fond de laquelle
se trouvait une misérable habitation : là,
il mit pied à terre, fut reçu avec respect,
puis il se fit beaucoup de mouvement dans
la maison : on allait, on venait, le sire
Thibault paraissait de bien mauvaise humeur : l'espèce de paysan chez lequel nous
étions descendus jurait qu'il n'avait rien
à craindre, et que le personnage n'existait
plus ; Thibault ne paraissait pas convaincu : enfin ils entrèrent dans un cou-
loir, et furent long-tems sans reparaître.
En sortant, nous entendîmes le chevalier
qui disait : « Allons, il suffit : je suis plus
» tranquille ; mais que voulez-vous ? on
» m'avait assuré que vous vous étiez laissé
» attendrir. » Puis on lui montra un habit
teint de sang. Cette dernière preuve pa-

fut le convaincre; nous remontâmes à cheval et sortîmes de cet enfer. Le seigneur Thibault nous recommanda le silence, en nous disant qu'il s'agissait d'un secret d'état, et que le premier qui parlerait de cette démarche recevrait la mort pour prix de son indiscrétion. Nous le connaissions assez pour savoir qu'il nous tiendrait parole, aussi aucun de nous n'a-t-il trahi son secret; mais avec vous, mon oncle, je sais qu'il n'y a aucun danger.

» J'assurai Victor de ma discrétion; mais cette confidence augmenta mes soupçons. Je rapprochai les événemens; je vis que Thibault, chargé de la recherche de vos assassins, avait dirigé les perquisitions d'un côté opposé; que le surlendemain, dans une course nocturne, il s'était rendu à une habitation ignorée; que ses discours, ses recherches semblaient destinés à s'assurer si un homme avait été frappé. Oh! dès ce moment, plus de doute pour moi, et je crus pouvoir regarder Thibault comme votre meurtrier. »

Et tu as raison, s'écria Aimond, qu
depuis long - tems voulait parler : ap-
prends que le lendemain de mon arrivée
à Barcarat, Roch reçut une visite semblable, et que tous les détails que tu viens
de donner sont exacts.

O providence ! reprit Thierry, je puis
donc regarder comme certain, ce qui jusqu'à ce jour avait été enveloppé du voile
du doute. Thibault, votre assassin ! Thibault, l'ami, le confident du duc de Lorraine ! du duc, votre rival ! Quel trait de
lumière ! quel tissu d'horreurs se déroule
à mes yeux ! mais laissez-moi achever.

» Je m'étais fait donner une description
exacte de Barcarat par Victor : je partis
secrètement pour cet endroit, et je reconnus bientôt le lieu qu'il m'avait dé-
signé. La haie adossée au roc m'empêchait de découvrir aucune trace d'habitation : je tournai la montagne, et rien
ne s'offrit à ma vue. j'avais gravi jusqu'à
sa sommité, lorsque j'apperçus le creux
qui la séparait en deux parties bien dis-

tinctes : je voulus m'approcher ; mais un large fossé défendait les bords et empêchait à l'œil curieux de regarder dans l'intérieur de ce prétendu précipice. Je m'orientai, et je conclus que la demeure de Roch devait être à l'entrée de cette gorge, rien n'empêchait qu'elle n'en formât une partie : j'examinais de tous côtés, lorsque j'apperçus de la fumée qui sortait de cette immense cavité. J'en respirai l'odeur, et demeurai convaincu qu'elle provenait de bois brûlé. Plus de doute : ce lieu était habité. Fier de ma découverte, je revins à Dompaire prendre des chevaux : je me fis accompagner par un valet fidèle, et, muni des choses que je crus nécessaires, je retournai à Barcarat. Je repris mon poste et lançai force pierres dans le précipice. Si quelqu'un y est retenu, me disais-je, il devinera facilement que ce n'est pas sans projet qu'on fixe ainsi son attention, et il cherchera de son côté à faire entendre qu'il a compris. Ce que j'avais pensé a réussi : j'apperçus vos flêches, et je ne doutai pas qu'elles ne fussent lancées avec intention : vous savez le reste. Vous reçûtes mon billet ; à l'heure indiquée je tendis la perche portant la corde qui devait servir à vous hisser : un fil que j'avais gardé devait en diriger le mouvement. Caché à quelque distance, j'attendais avec impatience votre apparition. Je tremblais de ne m'être intéressé que pour un personnage inconnu, peut-être pour un criminel ; enfin je vous vis, vous reconnus et j'eus le bonheur de vous serrer dans mes bras. Vous voici dans l'asyle où vous fûtes élevé, vous savez ce qu'il vous reste à faire ; mais aussi vous connaissez votre adversaire : la ruse, la perfidie sont ses armes favorites ; vous en êtes une triste preuve. Ce n'est donc point la force, ni le courage qu'il faut employer envers un pareil homme ; il faut dissimuler votre ressentiment, et attendre, pour le faire éclater, quelques circonstances favorables. — Eh ! quoi ! tu veux que je reste dans une honteuse inaction, tandis qu'Angela est au pouvoir de ce monstre ? — Voulez-vous, en n'écoutant que votre bravoure, la plonger dans de nouveaux dangers ? songez donc que Frédéric, à la première nouvelle de votre existence, redoublera de soins pour garder sa captive, et si vous tentiez de la lui soustraire, qui sait si sa mort.... tenez, rien n'effraye un pareil homme : tout lui devient possible, quand il s'agit de satisfaire sa vengeance. — Il faut donc que je reste éloigné d'Angela ? — Au contraire, il faut aller à Lunéville. — A Lunéville ? — Sans doute, mais déguisé, méconnaissable. Là, vous épierez les démarches du Duc ; nous connaîtrons ses projets ; je dirai deux mots à Victor, il pourra nous servir encore. — Quand partons-nous ? — A l'instant. — Et tu vas m'accompagner ? — A la vie et à la mort. — Brave homme ! — Partons.

Angela était loin de prévoir le secours qui lui arrivait, et cependant son courage n'était point diminué. Inébranlable

dans sa résolution, elle persistait dans
ses refus envers Frédéric et supportait
patiemment sa captivité. Frédéric était
surpris de tant de résistance; c'était la
première fois qu'on se montrait à ce point
rebelle à ses volontés : son amour irrité
cherchait un moyen de se satisfaire, et
la violence allait succéder à la tyrannie.
Thibault, pour qui le mal était un besoin, attendait impatiemment cet instant ;
il excitait encore le duc à la vengeance
par l'amertume de ses railleries. Angela,
lui disait-il, exerce un singulier empire
sur vous, seigneur ; cette beauté vous
retient dans les bornes du plus profond
respect ; et, pour cette fois, c'est la captive qui commande à son maître. Puis,
reprenant cet air d'intérêt qui captivait
Frédéric : allons, seigneur, quittez cette
mélancolie indigne de vous, et terminez
une avanture qui, en durant plus long-
tems deviendrait ridicule. Forcez Angela
à vous obéir : êtes-vous fait pour languir
aux pieds d'une femme, pour supporter

ses rigueurs, vous plier à ses caprices ? je rougis pour vous d'une telle faiblesse. Je ne suis qu'un simple chevalier, et n'ai été amoureux qu'une fois en ma vie: la dame fut cruelle, rejetta mon amour; mais elle eut lieu de s'en repentir, et, quoiqu'il y ait à-peu-près vingt ans, je suis certain que la belle verse encore des larmes de sang. — Ah ! tu fus amoureux, tu ne m'avais point conté cette partie de ton histoire. — C'est qu'elle renferme des événemens terribles et sur lesquels je n'ose réfléchir sans éprouver des craintes, des inquiétudes. — Comment ! tu fus donc bien cruel ? — Je fus barbare.... mais laissons cette affaire qui n'a aucun rapport avec celle qui nous occupe en ce moment, et revenons à Angela. Croyez-moi, montrez du caractère, finissez-en. — Tu as raison, je suis trop faible; mais je vais agir en maître.

En effet, dès le jour suivant des ouvriers étaient occupés aux préparatifs de l'hymen du duc, Angela tremblait en

voyant tous ces apprêts et s'appercevait
bien que l'instant de succomber était arrivé, elle avait toujours espéré que son
absence éveillerait le soupçon de ses amis,
et qu'on viendrait la délivrer ; mais on
était trop loin de concevoir de pareilles
idées sur le compte du duc, et personne
ne songeait qu'elle était victime d'une perfidie. Frédéric fit appeler Thibault et lui
ordonna de faire venir son chapelain pour
concerter avec lui les cérémonies de l'hymen. Par un hasard assez singulier, le
chapelain était absent du château, ce contre-tems manqua de détruire les projets
du duc ; mais le prévoyant Thibault le
rassura en lui disant qu'il venait de donner l'ordre d'en chercher un et de l'amener. En effet, quelques heures après on
vint annoncer au duc qu'un ecclésiastique
se présentait à la porte du château. Frédéric prévoyant bien qu'Angela le ren-
drait témoin de quelques refus, jugea
nécessaire de prévenir à ce sujet le ministre, et pour cet effet, il ordonna qu'il
fût introduit à l'instant.

Des raisons qu'il est inutile de vous dire me font hâter mon hymen avec la fille du baron de Dompaire, lui dit-il; en l'absence de mon chapelain, je vous ordonne de faire toutes les dispositions que vous croirez nécessaires pour cette cérémonie. — Inconnu de vous, seigneur, ce n'est que par mon zèle à vous servir que je puis mériter l'honneur que vous me faites. — C'est bien; je dois vous prévenir aussi qu'Angela regrette un amant qui n'est plus et qui fut indigne de son amour. Mes sentimens pour elle auront bientôt effacé ce souvenir douloureux; mais en ce moment il l'occupe encore assez pour la porter à quelques résistances sur son union avec moi, c'est à vous de les vaincre. Combattez sa répugnance, flattez son ambition, en un mot, rendez-la docile à mes désirs, et comptez sur ma générosité. — Je lui prescrirai ce qu'elle doit faire, et vous connaîtrez avant peu, seigneur, le résultat de notre entretien. Mais il faudrait voir la personne afin.....

— On va vous conduire près d'elle ; souvenez-vous, qu'à minuit, dans la chapelle du palais, je veux être obéi. Allez.

Frédéric sortit, et le chapelain guidé par un domestique marcha vers le pavillon occupé par Angela. Ah ! Comme son cœur battait délicieusement ! qu'il avait de peine à contenir sa joie ! combien il aurait hâté sa marche, s'il n'eût craint de se trahir ! Car, il faut le dire, sous la robe d'un ministre des autels, sous la barbe épaisse et noire d'un cénobite, Aimond venait de s'introduire. C'était lui que par ordre de Guéréhard on conduisait près d'Angela, encore quelques pas et il sera parvenu au gothique pavillon qui renferme l'objet de tous ses vœux. Encore quelques minutes et il va revoir celle qui captive tous ses sentimens.

Angela était bien loin de s'attendre à une semblable visite, elle était loin de penser que son amant allait être témoin de la résistance qu'elle opposait à Frédéric, de la fidélité qu'elle conservait à ses cendres. On lui annonce un chapelain de la part du duc, il est introduit, et le domestique, ainsi qu'il en a reçu l'ordre, se retire.

Aimond se soutient à peine, son émotion est prête à le trahir, il sent cependant qu'il doit prendre des ménagemens pour se faire reconnaître à Angela. Alors rassemblant toutes ses forces et feignant une apparente tranquillité, il commença ainsi:

Je suis envoyé vers vous, madame, par ordre du duc, pour vous prévenir qu'à minuit, dans la chapelle du palais, on célébrera votre union avec lui. — Je vous repéterai, monsieur, reprit Angela, ce que j'ai déjà dit au duc lui-même, jamais cet hymen ne s'accomplira de mon consentement, la force seule pourra m'y contraindre. — Quels motifs peuvent donc vous faire rejetter avec tant de persévérance un avantage aussi grand? —Des motifs sacrés pour moi, la volonté d'un père et les vœux de mon cœur.— Daignez vous expliquer, madame, et ne craignez pas de vous ouvrir à moi : si le ciel bénit les liens qui joignent deux cœurs destinés l'un à l'autre, je sais qu'il maudit une union formée par la force ou l'ambition; seriez-vous dans ce cas, et le duc tyranniserait-il votre cœur ? — Le duc est la cause de tous mes maux. — Si j'étais assez heureux pour vous inspirer une confiance égale à l'intérêt que vous faites naître en moi, peut-être vous apporterais-je des consolations. — Ah! monsieur, il est des regrets que rien ne peut effacer. — Peut-être.... Ne dissimulez pas avec moi, le duc n'a aucun droit sur ma personne, et je ne puis, sous ce rapport, vous inspirer de crainte je ne connais point de maître, et l'infortuné par-tout où il se trouve a des droits sur mon cœur.— Ah! qu'il y a long-tems que je n'ai entendu ce langage consolant, seriez-vous destiné à me défendre des injustices qu'on me fait éprouver ? — Je vous l'ai dit, madame, confiez-moi vos peines et voyez en moi votre plus zélé défenseur.— Eh bien! apprenez donc que rete-

<table>
<tr><td>Tome II.</td><td>F</td></tr>
</table>

nue ici par la force on veut me contraindre de consentir à un hymen que je déteste, que je ne puis contracter sans trahir les sermens les plus sacrés faits à un infortuné dont le duc peut-être a hâté les jours, qu'Aimond enfin.... — Aimond ! Et c'est lui que vous pleurez ! et c'est le souvenir de cet amant malheureux, qui vous fait vous exposer à toute la fureur de Frédéric , plutôt que de devenir son épouse ? — Ce nom paraît vous frapper, auriez-vous connu cet infortuné ? — Permettez , madame ; quelle preuve, quelle certitude avez-vous de sa mort ? — Ah ! que dites-vous ? s'il existait aurait-il été aussi long-tems sans m'instruire de son sort ? aurait-il connu des obstacles capables de l'empêcher de voler vers moi ? Ah ! je le vois, vous ne connaissez pas Aimond. — Mais si un serment le retient dans quelqu'endroit ignoré ; s'il lui est impossible de faire connaître son existence sans l'exposer de nouveau, son silence alors serait-il condamnable ? — Ah ! que je sache le lieu

qui le renferme, et, au péril de ma vie,
je m'échappe de la captivité dans laquelle
je suis retenue, et je vole l'arracher des
mains de ses persécuteurs. — Pourquoi
Aimond n'est-il pas témoin de ce généreux
dévouement ? --- Que dites-vous ? — Eh!
bien, femme adorable et toujours adorée,
apprenez un secret jusqu'alors inconnu,
Aimond respire et vous aime plus que
jamais. — Aimond! — Il a su les affreux
projets formés contre votre liberté ;
et, méprisant tous les dangers, n'écoutant que son amour, il a volé vers vous:
au moment où je vous parle, ses traits
défigurés par les larmes sont encore dé-
guisés par une barbe épaisse, caché sous
l'humble habit d'un chapelain, il profite
d'un heureux hasard, se présente devant
Angela, et tombe à ses genoux.

L'émotion d'Aimond était au comble ;
depuis quelques instans il n'était plus le
maître de déguiser sa voix, il tomba aux
genoux d'Angela, les yeux baignés de
larmes. Angela avait éprouvé un trouble

toujours croissant, ses yeux cherchaient à démêler dans les traits du chapelain ceux de son amant, et au moment où il tomba à ses genoux, elle aussi allait s'é-crier : c'est lui !

Heureux celui qui pourrait peindre un pareil moment, exprimer l'ivresse qu'un retour aussi inattendu doit faire éprouver à deux cœurs réellement épris, nous faire partager les douces larmes qui ont été versées! Angela pouvait à peine croire à son bonheur. Mon cher Aimond, dois-je en croire mes yeux ? ne suis-je pas trompée par une douce illusion ? — Non, Angela, c'est ton amant, c'est celui qui t'adore. — Mais comment se fait-il ?... — Remettons à d'autres momens toutes les explications que tu pourras desirer ; songeons plutôt aux moyens de sortir de cet asyle du crime; qu'il te suffise de savoir que je fus attaqué par ordre de l'infâme Thibault, l'ami, le confident du duc de Lorraine. — Thibault ! — Vois, ma chère Angela, les affreuses consé-

quences que l'on peut tirer de ce crime.
Frédéric t'aime ; il sait que je suis son
rival, ma mort seule peut lui donner
l'espérance de te posséder : je suis lâchement assassiné.... N'allons pas plus loin,
les idées qui se présentent répugnent à
mon cœur ; mais elles sont assez fortes
pour m'autoriser à employer tous les
moyens possibles , pour te délivrer.
Thierry m'accompagne : c'est à son
neveu Victor que je dois d'avoir été introduit ici : ce brave jeune homme est
retourné à Dompaire, je l'ai rendu porteur de lettres pour les suzerains de
Remiremont, Plombières, Neufchâteau.
Je peins avec force l'affreuse déloyauté
qu'on a employée envers moi et la captivité dans laquelle tu gémis ; je réclame
des secours prompts, Victor doit les
guider, et, sous trois jours au plus tard,
j'ai l'espérance d'avoir à ma disposition
des troupes chargées de nous défendre.
Alors je me fais connaître au duc, et,
les armes à la main, je te soustrais à son

odieuse présence. — Que le ciel daigne t'entendre et exaucer mes vœux ; mais, jusqu'à ce moment, que vas-tu faire ? c'est cette nuit que Frédéric prétend obtenir ma main. — Je vais lui annoncer que tu persistes dans tes refus ; mais, qu'en peu de jours, je suis certain de te faire consentir ; je lui demanderai un court delai, lui observant qu'il sera toujours à même, si mes soins sont inutiles, de se faire obéir ; s'il souscrit à ma demande, sa perte est sûre et mon triomphe est certain. — Mais, s'il la rejette ? — Alors cette nuit, aux pieds de l'autel du Dieu qu'il offense, il me connaîtra ; il recevra le prix de sa perfidie. Mais adieu. Un plus long entretien pourrait donner des soupçons, il est important que le mystère enveloppe mes projets. Adieu, je vais travailler pour notre bonheur commun.

Ils se séparèrent. L'intention d'Aimond était d'aller trouver Frédéric et de lui rendre compte de son entrevue ; mais à peine avait-il fait quelques pas qu'il s'apperçut d'un mouvement extraordinaire dans le palais : des gardes couraient de tous côtés, Thibault ordonnait de fermer les portes , et de redoubler de surveillance. Aimond, interdit, ne savait que penser : pour la première fois peut-être, il éprouva un sentiment de crainte ; il eût été affreux pour lui de se voir séparer d'Angela au moment où il venait de la retrouver, à l'instant où toutes les mesures étaient prises pour sa délivrance. Cependant l'inquiétude et la terreur imprimées sur la figure de Thibault, les ordres sévères qu'il donnait, la promptitude qu'on apportait à leur exécution, tout faisait présumer qu'il était arrivé quelques nouvelles alarmantes au palais. L'anxiété d'Aimond était cruelle ; mais que devint-elle, grand Dieu, lorsqu'au détour d'une galerie, il rencontra Frédéric tenant une lettre à la main, et précédé de gardes. Aussitôt qu'il l'apperçut, il lui ordonna de le suivre chez Angela.

Aimond obéit ; mais, dès cet instant, il sembla pressentir tout ce qui allait lui arriver.

Des gardes furent posés à la porte du pavillon qu'elle occupait, le duc entre, et du ton de la colère, s'écria : « Je connais donc enfin, perfide, les motifs de vos refus, de vos dédains ; je sais quel est votre espoir et vos projets ; mais l'invisible main qui me protège a su me découvrir votre ruse : votre amant existe et vous le savez ; mais c'est envain que vous l'avez fait évader de la retraite qu'il habitait, le lâche exécuteur de mes volontés, espérant par là mériter ma clémence, m'a prévenu à tems de son évasion ; des nouvelles mesures sont prises et il ne peut tarder à retomber en ma puissance : voilà donc ce qui soutenait votre courage, vous conserviez donc au sein de votre captivité l'idée d'être réunie à votre amant, tremblez et pour vous et pour lui ; si un crime a marqué la naissance de mon amour, de nouveaux excès peuvent en signaler la suite,

suite, mais pour vous ôter tout espoir, vous allez à l'instant lier votre sort au mien, venez à l'autel, ce chapelain va recevoir nos sermens et, lorsque des nœuds sacrés uniront nos destinées, l'honneur vous forcera d'éloigner celui qui cause tous nos tourmens. Marchons.

On peut deviner la position d'Angela et d'Aimond, elle était terrible : sa fuite était découverte, le duc venait d'ordonner de nouvelles recherches, il entendait ses menaces, ses propos injurieux ; dans quelle agitation il était ! Avec quel plaisir il eût puni le traître ! Mais la prudence le retenait et, bon gré, malgré, il fallait se taire.

Angela rejetta avec horreur les propositions de Frédéric, celui-ci ne se connaissant plus, donna l'ordre à ses gardes de s'emparer d'elle et de la conduire à l'autel ; Aimond hors de lui se précipita au milieu d'eux en s'écriant d'une voix terrible : arrêtez ! je possède le secret de madame, et je m'en rendrai digne en la protégeant contre vos criminels projets. — Quels discours ? — Ce sont ceux que doit tenir l'innocence opprimée envers son infâme persécuteur. — Audacieux ! — Persécuteur d'Aimond, ose-tu bien te glorifier de ton criminel attentat aux yeux de celle qu'il plonge dans les larmes ? ne crains-tu pas que ta victime reparaissant à tes yeux ne vienne te reprocher ton crime et te punir de ta déloyauté ? souviens-toi que le baron de Dompaire destina sa fille à Aimond ; si ce titre ne suffit pour l'autoriser à rejetter tes vœux, cet amour que tu méprise lui donne encore des droits que tu ne peux lui disputer ; oui, Aimond sera l'époux d'Angela, je protège cette union !

Le ton solemnel avec lequel Aimond avait prononcé ces dernières paroles, suspendit un instant la colère de Frédéric ; mais reprenant bientôt toute sa fureur. Insensé ! ajouta-t-il, est-ce ainsi que tu remplis l'honorable mission que je t'ai confiée ; tu aurais déjà reçu le prix de ton audace, si ta colère ne me faisait pitié. — C'est ta haîne que je veux, celle

des scélérats honore l'homme vertueux !
— Insolent ! Gardes, qu'on le saisisse. —
Le premier qui fait un pas, je l'étends à
mes pieds. En disant ces mots, Aimond
avait tiré son épée de dessous sa robe et en
menaçait les satellites de Guéréhard ; Angela effrayée du danger et hors d'elle se
jette au devant de son amant en s'écriant:
Aimond! que vas-tu faire? — Aimond!
répéta Frédéric avec une surprise mêlée
de joie et de rage, Aimond!

Le mal était fait et rien ne pouvait le
détruire, Angela venait, par un seul mot,
de perdre son amant, de détruire tous ses
projets et de l'exposer de nouveau aux
poignards du duc: l'effroi l'avait emporté
sur la prudence, la lutte prête à s'engager
entre les gardes et Aimond l'avait glacée
de terreur, et le nom fatal était sorti de sa
bouche.

Frédéric fut le premier qui reprit la
parole: tu es donc enfin en ma puissance,
et rien ne saurait t'arracher de mes mains.
Gardes, qu'on s'empare de sa personne,

et qu'il soit étroitement renfermé dans les prisons du palais; et vous, beauté rebelle, je vous remercie d'avoir hâté le moment de ma vengeance, pour cette fois vous êtes sûre qu'elle ne sera pas inutile.

Les gardes séparèrent Aimond des bras d'Angela et l'entraînèrent; Angela cédant à la force laissa échapper son amant et tomba évanouie entre les bras de ses femmes, le duc au comble de la joie courut trouver Thibault et lui conta ce qui venait d'arriver. Thibault félicita son maître, et tous deux ensemble se réjouirent des nouvelles larmes qu'ils faisaient verser à la sensible Angela.

Voici donc encore le crime triomphant! Et pour cette fois, rien ne semble pouvoir protéger ces innocentes victimes: retenues dans le palais même de leur persécuteur, sera-t-il possible de les secourir? Ah! chassons cette crainte, elle offre une idée trop décourageante, pensons plutôt qu'il est encore des ames courageuses qui savent mépriser tous les dangers personnels, lorsqu'il s'agit de sauver leurs semblables. Cette idée consolante ramène l'espoir près de nous fuir, et nous fait espérer qu'il se présentera un être assez généreux pour les tirer de ce nouvel abîme, au péril même de ses jours.

CHAPITRE V.

Ils sont réunis.

Je n'aime pas les descriptions, et cependant il faut en faire une ; elle est nécessaire, pour faire comprendre au lecteur les événemens qui vont se passer : essayons donc et tâchons que la précision et la clarté dédommagent de la sécheresse de la narration.

Au fond d'une large esplanade plantée d'arbres s'élève le château de Lunéville, dont deux aîles avancées se trouvent réunies par des chaînes pesantes, soutenues de distance en distance par des bornes de bronze ; derrière le bâtiment sont les jardins, vient ensuite un parc immense entouré de murs et de remparts sur lesquels des sentinelles exercent jour et nuit la plus active surveillance. A une des

extrémités de ce parc s'élève un pavillon
gothique et servant de prison : une porte
chargée de ferrures en ferme l'entrée ,
une ouverture pratiquée dans l'épaisseur
du mur et fermée par une forte grille est
le seul endroit par lequel le jour com-
munique dans cette humide demeure , ce
bâtiment étant adossé au mur même,
cette ouverture donne à l'extérieur sur
la grande route ; c'est là que vingt fois le
voyageur pensif a été tiré de sa rêverie
par les gémissemens de la victime que
Frédéric y tenait renfermé ; il eût voulu
la soustraire à la persécution, vœux im-
puissans ! la grille ne laissait passer que
les plaintes , elle était une barrière insur-
montable pour tout secours. Telle était
la demeure destinée à Aimond, jusqu'à
ce que des mesures certaines aient été
prises pour son supplice.

Il fut conduit dans cette bastille par
un grand nombre de gardes, enfermé
par Thibault, des sentinelles posées à sa
porte, et les clefs confiées à l'une d'elles,

avec ordre au premier bruit d'entrer et de mettre le prisonnier à la raison.

Voilà donc le vainqueur de Bovines, celui qui dans les plaines de la Flandres a soutenu par ses armes l'honneur du nom français, enfermé dans une étroite prison, n'ayant pour meubles qu'un mauvais escabeau et une table que la vétusté rendait inserviable, pour toute nourriture qu'un pain noir et dur et de l'eau souvent corrompue. Eh! qu'a-t-il fait, grand dieu! pour être ainsi traité? il s'est soustrait aux poignards des assassins, il a osé aimer celle qui lui était destinée.

Thierry, qui par prudence s'était tenu à quelques distances du palais, n'eut pas plutôt appris la captivité de son maître qu'il songea à le sauver de nouveau; mais il se trouvait privé d'un grand secours: Victor, qui pouvait seul lui procurer l'entrée du palais, était absent. Chargé, comme nous l'avons dit, par Aimond de porter des messages aux châtelains des environs de Dompaire, il

était parti pour remplir sa mission. Le
bon Thierry sentait bouillir son sang :
rester neutre dans une affaire qui l'inté-
ressait si vivement, était une situation
terrible pour lui ; il se creusait la cer-
velle, il concevait vingt projets que l'instant d'après il détruisait lui-même. Deux
jours s'écoulent enfin et Victor arrive :
il apporte avec lui les nouvelles les plus
satisfaisantes. Les braves chevaliers aux-
quels il était adressé avaient été indignés
en apprenant l'affreuse perfidie de Frédéric : d'un commun accord, ils avaient
juré de le venger, et sur-le-champ un
grand nombre de leurs hommes d'armes
s'était mis en marche. Le prudent Victor
avait cru devoir les inviter à n'arriver
à Lunéville qu'*incognito* et à l'entrée de
la nuit ; quant à lui, prenant les devant,
il était venu prévenir Aimond du succès
de ses démarches ; quelle fut sa surprise
en apprenant sa captivité ! cette nouvelle
le déconcerta un instant ; mais, reprenant bientôt son courage, il conçut un

plan de délivrance qu'il communiqua à son oncle et qui, d'après l'assentiment de celui-ci, fut mis sur-le-champ à exécution.

A cet effet, il retourna furtivement au château et chercha le moyen d'aborder Angela qu'il trouva dans les pleurs. Eh! quoi, mademoiselle, lui dit-il, vous vous laissez abbattre par la douleur! ce n'est point ainsi que vous pourrez arracher M. Aimond de sa prison; tarissez vos larmes et songez à lui être utile. — Eh! le puis-je? — Oui, sans doute, vous le pouvez : j'en sais les moyens. — Comment? que dis-tu? je pourrais le sauver! Aimond! parles, parles, ne faut-il que ma vie, je suis prête à la donner. — Écoutez, ce soir je vous ferai passer des habits d'homme, vous vous en revêtirez et suivrez à la lettre l'instruction que vous trouverez dans les poches ; moi, j'agirai de mon côté, et de cette double action doit résulter une victoire certaine.

En effet, le soir, lorsque tout fut retiré

dans le palais, Angela vit tomber sur sa fenêtre un paquet ; elle s'en saisit, le détache d'après la corde à laquelle il était suspendu, l'ouvre et y trouve les habillemens promis. Elle s'en revêtit à l'instant, et, après avoir lu les détails que Victor lui faisait passer, elle sortit sans bruit et marcha droit au pavillon qui renfermait l'objet de toutes ses inquiétudes. Un tremblement involontaire s'empara d'elle à la vue de ces murs témoins de tant de larmes ; cependant elle prit le dessus, son trouble pouvait la trahir et l'instant était décisif. Elle n'était plus qu'à dix pas, et la voix sonore de la sentinelle avait déjà fait entendre le *qui vive* : elle s'approche encore, la question est répétée. Eh bien ! répond Angela, en prenant le ton et les manières d'un jeune pâtre, c'est moi ; vous ne me reconnaissez pas ? — Eh ! non, de par tous les diables, je ne te reconnais pas. Qui es-tu ? — Parguienne, je suis le cousin de M. Victor ; il m'a fait venir ici pour la fête, et j'ai bien réussi, comme vous voyez ? — Pas mal, comme çà ; mais pourrais-tu me dire ce que tu fais en ces lieux à l'heure qu'il est ? — Ce que j'y fais ? — Oui. — Je regagne le logis ; je me suis endormi à l'entrée de la nuit, là-bas, au bout du parc et je ne fais que de me réveiller — Tu as fait un bon somme ; tu dois être transi, car les nuits commencent à devenir fraîches. — Vous avez raison ; mais j'ai là de quoi me réchauffer : voyez plutôt. En disant ces mots, Angela atteint une large gourde, remplie d'une liqueur spiritueuse. — Diable ! tu es un homme à précaution ; voyons donc si cela me réchauffera ? — Volontiers.

Et tous deux s'asséyent sur l'herbe. Angela tire de sa poche un *hanap* * et verse force rasades à son joyeux convive. Il faut avouer, lui dit-elle, que c'est un terrible métier que celui de soldat ! passer

---

* *Hanap*, espèce de vase fait en forme de cône, ayant deux oreilles ou anses et servant à boire. Il y en avait en bois, en terre et en marbre.

les nuits en faction, tel tems qu'il fasse. —
Ah! mon Dieu, oui. Pleut-il? on est
mouillé. Gèle-t-il? on est gelé. Fait-il
soleil? on est brûlé. — Comme c'est fa-
tiguant! Dites-moi, qu'est-ce que vous
faites donc ici? — Je garde le prisonnier
qui est là dedans. — Ah! on a donc bien
peur qu'il ne s'échappe? — Je t'en réponds, car, au moindre bruit, j'ai ordre
d'entrer dans sa prison et de le tancer
d'importance. — Vous avez donc la clef?
— Sans doute. — Allons, encore un coup.
— Volontiers. Parbleu, je ne m'attendais
pas à cette aubaine; il y a long-tems que
pareille chose ne m'était arrivée étant en
faction. — On ne vous donne donc jamais
rien? — Non, ma foi, excepté des coups
de bâton; et, tiens, si on me voyait
prendre cet instant de repos et jaser
avec toi, je n'en serais pas quitte à bon
marché. — Vous croyez? — J'en suis
certain. — Ah!.... qu'est-ce que c'est que
cette lumière que j'apperçois là-bas? —
Où? — Là, au bout de cette allée. —

Une ronde, sans doute. Va-t-en , elle n'aurait qu'à venir de ce côté. — Allons, je pars.... Eh bien ! qu'est-ce que j'ai donc ? je ne puis me soutenir. — Tu plaisantes ? — Non. Mes jambes plient sous moi ; je suis tout étourdi. — Comment ! est-ce que ce serait ?... pauvre tête ! deux verres te rendent dans cet état ? Allons , allons , prends courage et va-t-en. — Impossible ! impossible !

Angela feignait de se trouver dans un état allarmant, la sentinelle effrayée ne savait que faire, pour surcroit d'embarras la ronde venait de ce côté et marchait droit à lui , la prétendue ivresse d'Angela, la calebasse , le hanap encore sur l'herbe, devaient donner des soupçons , et notre pauvre diable se voyait courant les risques de la bastonnade ou du cachot. Que faire ? Une idée qu'il crut lumineuse vint le frapper, il approche Angela de la prison, en ouvre la porte, l'y pousse et referme le guichet en s'écriant : voilà une bonne pensée, lorsque la ronde sera passée je le mettrai dehors et j'esquiverai ainsi une réprimande.

Aimond fut tiré du sommeil dans lequel il était plongé par le bruit de la porte ouverte et refermée, il se retourne, et à la lueur de la lampe sépulchrale qui éclaire sa sombre demeure, il distingue une personne, il croit que c'est un rêve de son imagination, il se lève, s'approche, reste immobile, hésite et va enfin pour s'écrier : Angela ! Mais celle-ci qui a prévu l'effet de cette surprise lui pose vivement la main sur la bouche et de l'autre lui indique qu'on peut les entendre ; ils écoutent et la voix de plusieurs personnes vient frapper leurs oreilles, c'est la ronde qui s'est approchée, peut-être va-t-on entrer et encore une fois leurs projets seront découverts ; ils sont dans une incertitude cruelle, ils prêtent la plus scrupuleuse attention, et ils entendent relever la sentinelle, en poser une nouvelle et la patrouille s'éloigner ; sans perdre de tems, Angela tire de son sein, une petite clef ouvrant la grille qui donne au dehors ; au même instant, une pierre lancée de l'extérieur tombe dans la prison, elle porte un billet de Thierry annonçant que les troupes sont rassemblées et qu'elles attendent Aimond, il n'y a pas un moment à perdre ; Aimond place la table au dessous de sa fenêtre, pose son escabeau dessus, et monté sur cet échafaud parvient à la grille ; Angela tremble pour son amant, la table aux trois quarts vermoulue peut s'écrouler sous le poids, et alors aucun moyen d'atteindre la grille ; enfin elle est ouverte ; Aimond passe le premier pour aider Angela à descendre, celle-ci monte à son tour, elle saisit du bout de la main une des barres de fer, fait un mouvement, s'élance pour atteindre l'ouverture ; mais ce qu'elle avait craint pour Aimond, arrive ; la table s'ébranle, crie, s'enfonce et l'infortunée Angela reste suspendue par un bras à dix pieds du sol. Aimond ne peut la secourir, il est dehors, il jette un cri d'effroi et Angela

gela ne lui répond que pour lui ordonner de se sauver.

Au bruit épouvantable qui vient de se faire, la sentinelle est entrée précipitamment ; elle cherche dans tous les coins le prisonnier ; Angela profitant de l'instant, saute à terre, sort, ferme la porte sur elle et se sauve à toutes jambes. La sentinelle qui se trouve enfermée crie de toutes ses forces, elle est entendue, et bientôt les mots, aux armes ! aux armes ! retentissent de toutes parts. Thibault est aussitôt sur pied, il traverse le parc, marche droit au pavillon, fait enfoncer la porte et n'est pas peu surpris d'y trouver, au lieu d'Aimond, le factionnaire. Celui-ci encore tout étonné ne sait que dire : à son avis, le diable s'est mêlé de cette affaire, il a entendu un bruit terrible, est entré, n'a vu personne et s'est trouvé enfermé ; Thibault qui ne croit point aux choses surnaturelles, quitte le soldat et ordonne les recherches les plus sévères dans toutes les parties du palais.

Tome II.   H

Angela avait inutilement cherché à rentrer dans son appartement ; les mouvemens des gardes l'en avaient empêchée, cachée derrière un buisson, elle tremblait au moindre bruit qui se faisait près d'elle ; bientôt elle entend remuer le feuillage, on s'approche, elle est saisie et traînée devant Frédéric.

Quelle est la surprise du duc en reconnaissant Angela sous les habits d'un paysan ! la rage s'empare de son cœur, il maudit tous ceux à qui la garde d'Aimond avait été confiée et veut dans sa colère que la même prison serve de retraite à Angela, jusqu'à ce qu'on ait découvert les traces d'Aimond ; il fait saisir Angela, et malgré ses larmes, il l'accompagne jusqu'au pavillon, dont cette fois, il se promet bien de garder lui-même les clefs.

Pendant tous ces mouvemens, Aimond avait rejoint ses amis, leur avait conté ce qui venait d'arriver, et après avoir pris l'avis de plusieurs, voici ce qu'on avait décidé :

Thierry à la tête des troupes allait se présenter ouvertement à la grande porte dn palais, et réclamer Aimond et Angela, pendant ce tems , Aimond accompagné de Victor et d'une vingtaine de braves devait pénétrer dans le château par la grille du pavillon , qui, comme on sait, était restée ouverte. La petite troupe se sépara et chacun marcha droit au but.

Aimond monte après la muraille, parvient à l'ouverture, regarde dans l'intérieur, n'y voit personne , enjambe et descend, après avoir fait signe aux siens de le suivre ; bientôt l'étroite demeure est remplie de soldats, il vont forcer la porte, traverser le parc et se rendre à l'appartement d'Angela, où ils supposent qu'elle s'est retirée; mais le sort en a autrement ordonné, au moment où ils allaient se mettre en devoir de faire sauter la serrure, ils entendent du bruit , ils écoutent, on approche, la porte s'ouvre, et Frédéric entre vivement poussant devant lui Angela; mais, grand dieu! quelle est sa surprise, lorsqu'il la voit tomber entre les bras de son amant et qu'il apperçoit vingt lances tournées contre lui, ce fut un tableau de stupéfaction générale.

Frédéric ne se connaissant plus tira son épée et se précipita sur Aimond ; celui-ci se défendit avec courage, tenant d'un bras Angela presqu'évanouie ; Victor et les siens renversaient les gardes du duc qui de leur côté ne concevaient pas comment une compagnie d'hommes armés se trouvait dans ce pavillon, l'affaire était devenue générale, Aimond aurait infailliblement succombé sous le nombre ; mais Thierry qui en exécution des ordres de son maître s'était présenté aux portes du château y livrait un autre combat ; le peuple instruit de la cause de cette attaque et apprenant qu'il s'agissait d'Angela s'était rangé du côté de Thierry, les portes avaient été enfoncées et Thierry victorieux arriva prendre en dos le duc et ses satellites, la victoire ne demeura pas longtems incertaine, et les gardes de Frédéric mirent bas les armes.

Tout cela fut exécuté avec la rapidité de l'éclair, et le jour commençait à peine à poindre que le combat était terminé et les oppresseurs entre les mains des opprimés.

Thibault dont les vertus ni le rang ne pouvaient inspirer de respect, fut arrêté, et, sous bonne et sûre escorte, conduit dans les prisons du château de Dompaire. Quant à Frédéric, Aimond conserva pour lui tout le respect dû à son rang, il se contenta de le faire garder à vue et lui laissa son palais pour prison.

Il restait une formalité bien importante à remplir : on ne pouvait tarder à être instruit de ce qui venait de se passer, la calomnie ne manquerait pas d'empoisonner les faits, et Aimond pouvait être considéré et traité comme un sujet rebelle, se révoltant et prenant les armes contre son souverain ; il sentit tout le danger d'une semblable accusation, et pour la prévenir, il rédigea un exposé succint des évènemens, dans lequel il remonta jusqu'à la naissance de l'amour du duc, il cita en outre mille particularités qui toutes prouvaient combien Frédéric était peu délicat sur les moyens à employer lorsqu'il s'agissait de satisfaire ses passions. Ce mémoire écrit avec clarté, précision, chaleur, fut signé par plus de trente personnes possédant la confiance publique, et le vigilant Thierry fut chargé de le porter en toute diligence aux pieds du trône de Philippe-Auguste, dont Aimond réclamait le jugement et à la justice duquel il se remettait. Thierry partit et le zèle que ce brave serviteur a déployé jusqu'à ce jour, ne nous laisse pas douter un instant de celui qu'il va mettre à remplir son message.

Après tant de traverses, de périls, de dangers, nos amans sont enfin réunis et reçoivent le prix de leur constance et de leur fidélité. Aimond fit faire une proclamation aux sujets de Guéréhard, dans laquelle il les invitait à la tranquillité et à attendre patiemment le jugement qui se-

rait porté, les suzerains voisins qui tous
les jours recevaient du duc ou de ses pré-
posés des vexations plus ou moins fortes
épousèrent la cause d'Aimond et le regar-
dèrent dès ce moment comme leur libérateur, ils lui firent offrir des secours de
tous genres, et lui promirent leur voix et
leur appui dans le cas où il voudrait prétendre au duché de Lorraine. Aimond en
les remerciant de leurs offres obligean-
tes, déclara qu'il n'avait voulu venger
qu'une querelle personnelle et qu'il n'avait
jamais prétendu faire de sa propre cause
un évènement politique ; qu'en combat-
tant Frédéric comme son persécuteur,
il n'avait pas cessé un instant de le respec-
ter comme son souverain, qu'il en donnait une preuve bien convainquante en le
laissant dans son palais, tandis que sa déloyauté et sa perfidie lui avaient mérités
le plus noir cachot.

Angela toute entière à son amant sou-
pirait après son retour à Dompaire, elle
désirait vivement quitter des lieux qui

faisaient naître de si tristes souvenirs;
Aimond souscrivit avec empressement à
ses désirs, et ce couple intéressant prit
le chemin de l'antique manoir.

Comment peindre la joie des bons habitans de Dompaire en apprenant le retour
de tout ce qu'ils avaient de plus cher; les
femmes se parèrent de leurs plus beaux
atours, les jeunes garçons décorèrent la
route de branchages ornés des couleurs
d'Aimond, les jeunes filles tressèrent des
guirlandes de fleurs, les hommes qui, sur
le champ de bataille de Bovines, avaient
si bien secondé la valeur d'Aimond, se
revêtirent de leurs armes et formèrent
une garde d'honneur qui marcha à sa ren-
contre. Tout enfin offrit l'ensemble d'une
fête bien ordonnée; et cependant, personne ne s'était chargé de la diriger, chacun agissait d'après son propre mouvement, et il en était résulté un hommage
libre et pur, mille fois plus flatteur
que ces pompes magnifiques laissant à
chaque pas appercevoir la contrainte et
l'obligation.   la

La vue de cette demeure, témoin des premières amours d'Aimond et d'Angela, des soins que le baron avait prodigué à leurs jeunes ans, leur fit éprouver une bien douce émotion ; quelle différence de cette arrivée d'Aimond avec celle qui avait eu lieu environ un mois auparavant ! alors fuyant les poignards de ses assassins, il n'osait qu'en tremblant élever la voix, on eût dit un criminel fuyant l'échafaud ; aujourd'hui, accueilli par le plus vif empressement, recevant à chaque pas les hommages les plus flatteurs, ayant à ses côtés celle pour les jours de laquelle il tremblait alors, sachant le duc dans l'impossibilité de lui nuire, et Thibault dans les fers ; quel changement ! quelle situation différente ! Ah ! s'il eût su alors à qui il devait le jour, quelle famille il devait chérir, son bonheur eût été au comble.

Angela avait pris le logement occupé autrefois par son père, et Aimond s'était retiré à l'autre extrémité du château, la bienséance se trouvait observée de la manière la plus rigoureuse. Cependant deux amans libres de leurs actions, logés sous le même toit, quelle prise pour la médisance ! il était un moyen facile d'arrêter les soupçons. Aimond avait déjà rappelé à Angela les droits que le baron lui avait donné sur elle, il la pressait de consentir à leur union ; mais Angela, avec le même desir, voulait encore attendre quelque tems, la mort de son père était trop récente pour songer aux préparatifs d'un hymen.

Ce raisonnement était trop juste pour être combattu, Aimond résolut de renfermer ses desirs, et se livrant tout entier à l'administration de sa baronnie, il chercha dans cette occupation le moyen de se distraire.

CHAPITRE VI.

Mystères expliqués. — Aurore du Bonheur.

Si nous avons oublié St.-Géran , ce brave chevalier n'a pas oublié sa promesse envers son ami ; après avoir reconduit à la comtesse de Bar ses soldats, avoir puisé un nouveau courage dans les yeux de la belle Amélie , il était parti à la recherche du perfide Dandelot.

Il dirigea sa course de manière à passer le plutôt possible à Dompaire. En effet , à peine quinze jours s'étaient écoulés depuis le retour d'Aimond , que son ami était dans ses bras.

Angela reçut le frère d'armes de son amant avec les marques de la plus sincère amitié ; elle ne pouvait refuser ce sentiment à celui qu'Aimond estimait.

Après les premiers momens de joie que cette réunion devait naturellement inspirer, Aimond fit part à son ami des persécutions qu'il avait éprouvées depuis leur séparation, des périls qu'il avait courus; il lui peignit la perfidie du duc, et les attentats de Thibault.

L'ame candide de St.-Géran avait peine à concevoir de pareils traits de perfidie. Comment penser qu'un chevalier qui fait profession d'honneur et de loyauté, qui a juré de défendre l'innocence persécutée contre toutes oppressions, puisse ouvrir son cœur à la méchanceté, et commettre des actions aussi basses?

Thierry revint en ce moment de son voyage: à la lecture du message d'Aimond, Philippe-Auguste avait frémi d'indignation; et après avoir assemblé ses barons il avait prononcé la dégradation de Thibault et convoqué un *ban*, pour juger de la conduite de Frédéric, Aimond était chargé de procéder à la punition portée contre Thibault. Il se ren-

dit à sa prison pour lui faire connaître
la volonté du roi : St.-Géran desira l'accompagner, et tous deux ensemble allè-
rent lire au criminel sa condamnation.

A l'aspect de Thibault, St.-Géran ne
put se défendre d'un mouvement d'indignation ; qu'aurait-il donc éprouvé s'il
eût su ?.... mais n'anticipons point sur les
événemens.

Aimond, s'efforçant de bannir toute
sensibilité, lut à Thibault son arrêt ; il
devait être conduit sur un échafaud,
dressé à cet effet, ses armes brisées
et foulées aux pieds en sa présence ;
son écu, dont le blason serait effacé,
attaché à la queue d'une cavale et igno-
minieusement traîné dans la boue, les
ministres des autels devaient appeler sur
lui la malédiction du Très - Haut, un
bassin rempli d'eau chaude devait être
renversé sur sa tête, comme pour effacer
le sacré caractère qui lui avait été conféré par l'accolade ; ensuite, descendu
de l'échafaud par une corde et placé sur

une claie, il devait être conduit, couvert d'un drap mortuaire, à l'église, où l'on réciterait sur lui l'office des morts, accompagné de toutes les cérémonies en usage pour les funérailles. *

Thibault qui, suivant l'usage, avait écouté sa sentence debout et la tête nue, frémissait de rage et de colère; ses yeux lançaient des regards épouvantables, ses dents grinçaient, l'écume s'échappait de sa bouche et les contorsions de son visage ajoutaient encore à l'horreur qu'il inspirait. Bientôt un torrent d'imprécations s'échappa de sa bouche impure, et des blasphèmes effrayans furent prononcés contre tous ceux qu'il connaisssait.

Cette affreuse situation fut son premier supplice, Aimond ne put s'empê-

---

* On suivait exactement ces usages pour la dégradation d'un chevalier convaincu de *déloyale et foi mentie*. Pour une faute plus légère, on était chassé des tables où les autres chevaliers mangeaient, et dans le cas où il y aurait pris place, on coupait la nappe devant lui. On peut consulter à cet égard Sainte-Palaye et autres.

cher de lui adresser les reproches qu'il
méritait. « Voyez, lui dit-il, à quel degré
» d'avilissement vous vous êtes porté, et
» cela pour complaire, pour servir les
» passions d'un homme qui, sans vous,
» peut-être eût été vertueux. Ah! que
» n'avez-vous plutôt employé votre fer-
» tile imagination, l'empire que vous
» aviez sur lui, à le guider dans le sen-
» tier de la vertu, à le rendre digne de
» ses ancêtres? Fils indigne d'un si ver-
» tueux père, c'est par vos conseils qu'il
» ternit sa gloire et avilit un nom, qui
» loin de figurer parmi les héros du siècle,
» ne sera connu que par des forfaits. De-
» mandez à Beaumanoir, demandez à
» De Nesle, demandez à Coucy ce que
» c'est que Frédéric? et ces grands ca-
» pitaines ne sauront vous répondre;
» mais en récompense interrogez le père
» de famille, habitant de ses domaines, ce
» laborieux cultivateur vous répondra :
» j'étais heureux, mon travail suffisait
» aux besoins de ma famille, et la tran-

» quillité de mon ménage me dédomma-
» mageait de la fatigue de mes travaux;
» ma fille, premier fruit de mon hymen,
» réunissait toutes mes affections et celles
» de mon épouse; Frédéric l'apperçoit,
» sa beauté le séduit et il jure mon dés-
» honneur. L'innocence de ma fille lui
» a caché le piège qu'on tendait sous ses
» ses pas et, sans être coupable, elle a
» cessé d'être vertueuse; depuis ce tems,
» la honte sur le front et le désespoir
» dans l'ame, je traine une vie malheu-
» reuse, en maudissant tous les jours
» Frédéric et son infâme confident, à
» qui il doit tous ses vices.

» Interrogez ce vieillard octogénaire
» et infirme, il a suivi Guéréhard dans
» la première Croisade, il a combattu
» près de lui, son sang a coulé pour la
» défense de sa religion; Guéréhard,
» souverain, l'a appelé dans ses états,
» une pension suffisante lui a été accor-
» dée, il s'est trouvé au-dessus du besoin;
» mais ce qui flattait mille fois davantage

» son cœur sensible, c'est le respect que
» son prince avait pour ses infirmités,
» les marques d'estime qu'il lui donnait;
» aujourd'hui sa pension ne lui est pas
» payée, la misère la plus affreuse rem-
» place la plus heureuse aisance, et s'il
» veut porter plainte, s'il veut faire en-
» tendre sa voix, il est repoussé partout
» et rebuté sans délicatesse! le front hu-
» milié, il se retire en murmurant, non
» contre Frédéric, la vénération qu'il
» avait pour le père l'empêche d'accuser
» le fils, mais contre ceux qui se sont
» emparés de sa personne, qui, en le
» plongeant dans les vices, l'empêchent
» de porter, sur toutes les parties de
» l'administration, ce coup-d'œil obser-
» vateur qui embrasse tout et fait la ré-
» putation de celui qui gouverne. Voilà,
» voilà le fruit de vos pernicieux con-
» seils.

    » Et si Frédéric vient à se repentir,
» si ses yeux dessillés s'ouvrent enfin,
» si le bandeau de l'erreur tombe, com-

» bien ne sera-t-il pas en droit de vous
» maudire ? Eh! quoi, dira-t-il, il a vu
» mes erreurs et ne les a pas combat-
» tues ? il a connu mes passions et les a
» lâchement servies ? Sa vile complai-
» sance, en flattant mes desirs, m'a porté
» aux excès les plus affreux; j'ai été jus-
» qu'à ordonner un assassinat, jusqu'à
» guider les poignards !... et sur qui ? sur
» un homme qui n'avait d'autres torts à
» mes yeux que de prétendre à la main
» de celle qu'il aimait, de celle qui lui
» était accordée et que la volonté d'un
» père avait unie à son sort. C'est à lui
» que je dois le mépris qui m'environne,
» la colère de mes alliés, la haine de mon
» peuple et la perte de mes états. Voilà
» ce que Frédéric sera en droit de vous
» dire; mais un reproche plus sensible
» encore et qui se trouve la conséquence
» de tous les autres, c'est de l'avoir mis
» dans le cas de ternir la mémoire de
» ses vertueux ancêtres, de l'avoir rendu
» indigne de son vertueux père, ah !

» cette idée affreuse suffirait seule pour
» faire le tourment de ma vie. Enfant
» inconnu, élevé par les soins du baron
» de Dompaire, j'ignore à qui je dois la
» vie ; mais si les auteurs de mes jours
» respirent, telle soit la classe, tel soit
» le rang où le hasard les ait placés, je
» jure de mourir plutôt que de com-
» mettre une action indigne d'eux. »

Aimond à ces mots tira de son sein la médaille trouvée sur lui et qu'il portait toujours depuis que le baron la lui avait remise. « Objet cher à mon cœur, s'é-cria-t-il, mon unique héritage ! sois té-moin du serment que je fais ici. »

Thibault qui, pendant tout ce tems était resté immobile, porta machinale-ses regards sur la médaille. Tout-à-coup la surprise et l'effroi se manifestèrent sur sa figure ; il regarde : que vois-je ? dit-il. Aimond lui demanda la cause de son étonnement. — Quelle est cette mé-daille ? — Le seul héritage de mes pères. — Comment l'avez-vous ? — On me l'a

donnée.— Qui ? — Le baron de Dompaire.— Le baron de Dompaire! et comment
se l'était-il procurée ? — Dans un voyage
qu'il fit à Bar. — A Bar ! et qui la lui a
remise ? — Personne. Elle était passée
autour du corps d'un enfant qu'il trouva
près de lui, et qu'un mot d'écrit recom-
mandait à sa pitié. — C'est le baron qui
a trouvé cet enfant ? — Oui. — Et qu'en
a-t-il fait ? — Il lui a servi de père et lui
a prodigué les soins les plus tendres. —
A cet enfant ? — Sans doute. — Où est-il?
— Devant vos yeux; c'est moi. — Vous!
et cachant sa tête dans ses deux mains,
il tomba sur un siège et y resta dans un
accablement total.

Aimond et St. - Géran ne savaient à
quoi attribuer cette surprise de Thibault.
Quel souvenir la vue de cette médaille
pouvait donc lui rappeler! quel rapport
pouvait s'établir entre lui et des événemens arrivés depuis vingt ans ! Nos deux
amis étaient plongés dans l'incertitude
et la réflexion; leur pensée errante cherchait vainement à se fixer.

Thibault rompit enfin son long silence :
« Que le sort est bisarre, dit-il ! quel
» enchaînement d'événemens extraor-
» dinaires ! C'est au bout de vingt an-
» nées que, pour la première fois, je
» retrouve la trace de mon premier
» crime ! O Justice divine ! ce sont là de
» tes coups ! tu retiens ta foudre ; mais
» c'est pour en frapper avec plus de sû-
» reté les scélérats qui t'ont offensée. Per-
» fide Roch, tu m'as trahi ! Aimond ! vic-
» time infortunée de mon amour, de mon
» désespoir, de mon ambition, combien
» tu dois me haïr ! Je t'ai privé de ta
» mère, de ton amante ; j'ai fait plus,
» j'ai voulu t'ôter la vie. Viens m'arra-
» cher la mienne : baignes-toi, à loisir,
» dans mon sang impur ! que ton glaive,
» qui jusqu'à ce jour n'a fait mordre la
» poussière qu'aux ennemis de ta patrie,
» devienne dans tes mains un instrument
» de justice et de vengeance.... Mais que
» dis-je, et quelle voix effrayante se fait
» entendre et vient glacer mes esprits ?

» Quoi !... les morts aujourd'hui sortent-
» ils de leurs tombeaux ?... Vous vous
» disputez le plaisir de me donner la
» mort !... Oui.... oui, toi aussi tu as le
» droit de me frapper : tu fus ma pre-
» mière victime. Tu m'as accueilli chez
» toi, je t'ai trahi ; tu m'as donné toute
» ta confiance, j'en ai abusé pour vouloir
» te déshonorer. Ta femme faisait ton
» bonheur, j'ai voulu la séduire ; tu m'as
» attaqué en loyal chevalier, je t'ai assas-
» siné !... Et toi, femme vertueuse et fi-
» delle, qui eus le courage de repousser
» mes séductions, que me veux-tu ?.....
» Ton époux ?... il est mort !... Ton fils ?
» je l'ai ravi à ta tendresse ; et, lorsqu'un
» hasard l'a soustrait à ma jalouse fureur,
» sans le connaître, je le poursuis encore
» et suis la cause de tous ses tourmens.
» Ah ! oui, viens aussi.... venez,.... venez
» tous me frapper ! partagez-vous mon
» corps, chacun de vous a droit de le
» donner aux vautours. Déchirez-moi par
» lambeaux, la mort la plus cruelle sera

» un bonheur pour moi, puisqu'elle me
» soustraira aux remords qui me dévo-
» rent ! » Il dit, et tombe sans connaissance, étendu sur le plancher.

Quelle était la position d'Aimond et
de St.-Géran ! Il est plus facile de la concevoir que de la décrire ; l'affreux délire de Thibault, ses mots entre-coupés,
ses discours sans suite, incompréhensi-
bles pour tout le monde, ne pouvaient
l'être pour eux. St.-Géran trouvait des
rapports frappans entre ce qui venait
d'échapper à ce monstre et l'histoire de
la mort du comte de Bar, assassiné par
un traître qu'il avait accueilli dans son
palais, et cet enfant enlevé à Mathilde,
serait-il celui dont parle Thibault ? Cette
médaille trouvée sur Aimond, et dont la
seule vue vient de causer une telle dé-
mence au prisonnier, n'annoncerait-elle
pas qu'Aimond serait ce fils tant chéri,
ravi à la tendresse d'une mère ?... Alors,
Mathilde serait donc ?... Non, non, cela
est impossible, c'est Dandelot qui a com-

mis tous ces crimes, et jamais le nom de
Thibault n'a été prononcé à la cour des
comtes de Bar.... Cependant, c'est à Bar
que fut trouvé Aimond.... L'incertitude
était cruelle, affreuse, un mot de plus
prononcé par Thibault pouvait tout éclair-
cir ; mais son délire lui avait ôté l'usage
de ses sens ; on eût beaucoup de peines
à le faire revenir, et lorsqu'il eut recou-
vré ses esprits, il était dans un tel état
d'accablement qu'il était impossible d'obtenir de lui un seul mot. On pense bien
que son existence était devenue trop précieuse à Aimond, pour qu'il fît exécuter la
sentence de Philippe, il en différa l'exécution, et après avoir ordonné qu'on eût
le plus grand soin du prisonnier, il rentra au château avec St.-Géran, plongés
tous les deux dans les plus profondes
réflexions.

Ils firent part à Angela des discours
de Thibault, et des conjectures que ses
révélations faisaient naître en eux. Elle
partagea bientôt leur anxiété. Tout le res-

tant

tant du jour et une partie de la nuit furent employés à former mille conjectures dif-férentes.

Minuit venait de sonner , lorsqu'on vint annoncer à Aimond qu'un homme enveloppé d'un long manteau et dérobant sa figure à tous les regards , se présentait à la grande poterne du château , et demandait la grace de l'entretenir. Une visite aussi innattendue, dans un moment où les esprits étaient portés vers la tristesse , devait nécessairement inspirer de la terreur. Quel pouvait-être cet homme, et que venait-il faire ?. Angela voulait qu'on le congédiât sans l'entendre, St.-Géran, par honnêteté , n'osait contrarier son avis ; mais Aimond insista pour qu'il fût reçu, et donna l'ordre de l'introduire ; Thierry n'obéit qu'à regret, et sa marche et ses fréquens hochemens de tête semblaient dire : c'est imprudent ! c'est imprudent !

Quelques tems après il revint, amenant avec lui l'inconnu; il était enveloppé d'une longue draperie, et sa tête baissée et recouverte par sa toque ne laissait appercevoir aucun de ses traits. A son arrivée, à la porte du salon, il fit un léger mouvement de surprise en disant: ah! j'avais demandé la grace d'entretenir le sire Aimond, mais je le croyais seul. Parlez sans crainte, répondit St.-Géran, je suis son ami et voilà Angela qui partage toutes ses peines, tous ses sentimens. — Ah! C'est là mademoiselle Angela, sa présence ne saurait me déplaire; quant à vous, chevalier, puisque vous êtes l'ami de monsieur Aimond, je ne dois pas craindre de me faire connaître devant vous; en disant ces mots, il se débarrassa de son manteau et jetta sa toque. Aimond se levant aussitôt s'écria: c'est Roch! — Oui, c'est moi; je conçois l'horreur que ma vue vous inspire; mais remettez-vous, je n'ai ni le pouvoir ni la volonté de vous faire du mal; et je viens au contraire avec l'intention de vous être utile. — Vous? — Moi. Prêtez-moi votre attention, et si les révélations que je viens vous faire ne portent point de lumières dans l'obscurité qui vous environne, ma vie est entre vos mains.

« Je suis las de commettre des crimes, et vous en êtes la preuve certaine, puisque chargé de vous frapper je vous ai conservé la vie; mais cela ne suffit pas pour donner du repos à ma conscience et balancer mes actions précédentes, c'est pour cela que je veux vous être utile. Un miracle vous a fait sortir de la prison où je vous retenais, j'en ai promptement prévenu le duc de Lorraine; mais je jure ici que par cette confidence, je n'ai point eu l'intention de vous nuire; car comment imaginer que c'était à la cour que vous étiez allé vous réfugier, je n'ai voulu que détruire le soupçon de complicité, qui m'eût coûté la vie; j'ai donc, sans le vouloir, aggravé vos maux et vous ai préparé de nouveaux fers; la vigilance et l'activité de vos amis vous y ont soustrait; maintenant vous ne craignez plus vos ennemis,

Apprenez-donc que ce n'est point le duc
de Lorraine sur qui doit retomber toute
votre haîne ; il n'est que faible ; et sous ce
rapport plus à plaindre qu'à blâmer ; mais
c'est à Thibault que vous devez en vouloir ; c'est lui qui a irrité la colère du duc,
allumé sa vengeance , et préparé tous les
maux dont vous avez été accablé.— Nous
le savons. — Vous le savez ! Mais vous
ne savez pas que ce même Thibault fut,
il y a vingt ans, votre persécuteur ; qu'il
vous arracha des bras de votre mère ,
qu'il fit assassiner votre père. — Dieu !
Thibault !

L'agitation d'Aimond , de St.-Géran ,
d'Angela, était au comble. Quoi! demanda
Aimond, tu connais donc ma famille? —
Que trop. Ce fut dans son sein que je
commis mon premier crime. — Nomme-
moi.... — Les comtes de Bar furent vos
ancêtres. — Et Mathilde ?... — Est votre
mère. — Grand Dieu ! Mathilde ! Thibault serai donc?... — L'exécrable Dandelot. — Dandelot ! O providence ! Et

quelle preuve peux-tu donner de ce que
tu avances? — La douleur empreinte sur
mes traits, les remords dont je suis dé-
chiré et les détails que je vais vous faire.

« Dandelot (car c'est son véritable
nom) fut chassé de sa famille pour la
conduite révoltante qu'il tenait. Sans for-
tune, sans asyle, il fut obligé d'employer
toutes les ressources que sa fertile imagination lui indiquait pour se soustraire à
la misère. Accueilli à la cour du comte de
Bar, vous connaissez les crimes dont il
se couvrit; c'est dans cet endroit que je
le connus; il prit de l'empire sur moi, et
bientôt me trouva disposé à exécuter toutes ses volontés : c'est moi qui vous en-
levai au berceau; Dandelot m'avait chargé
de vous exposer à la fureur des animaux
féroces; j'allais exécuter cet horrible projet, lorsqu'un dernier sentiment d'humanité s'éleva dans mon cœur. Je trouvai
sur le bord de l'Aube un chevalier endormi; je déposai près de lui l'enfant que
je portais; je tracai à la hâte quelques

mots par lesquels je l'invitais à en prendre
soin ; et j'attachai à ses vêtemens une médaille appartenant à mon maître. Dandelot
crut ses ordres exécutés. Le comte de Bar
instruit de la perfidie de mon maître vint
le trouver, le força au combat ; Dandelot
feignit de l'accepter ; mais j'étais prévenu,
et à un des détours du parc je m'élançai
sur le comte et le frappai : il fut notre victime. Nous partîmes avec la plus grande
précipitation et ne fûmes point découvers.
Obligé de nous cacher le jour, ne mar-
chant que la nuit, notre existence fut
abominable et ne peut être assimilée qu'à
celle des brigands. Après une vie errante
de plusieurs années, Dandelot persuadé
qu'il ne pouvait être reconnu, que le tems
d'ailleurs devait avoir effacé le souvenir
de nos crimes, se fixa, sous le nom de
Thibault, à la cour de Guéréhard, et
bientôt devint l'ami, le confident intime
du jeune Frédéric ; il me donna une
somme assez forte et me fit retirer dans
l'habitation de Barcarat, qui fut élevée

dans le plus grand secret : c'est là que Frédéric amenait les innocentes victimes de ses passions : c'est là que la force et la ruse venaient à bout de vaincre les vertus les plus opiniâtres ; c'est là que j'ai résolu de vous enfermer pour vous soustraire à la mort (et je le pouvais sans crainte, Frédéric, devenu souverain, ne venait plus dans ma retraite.) C'est là que j'ai appris, après votre évasion, que vous étiez ce même Aimond que déjà une fois j'avais dû faire périr : combien je regrettai alors d'avoir annoncé votre fuite au duc ! C'est là que j'ai su votre nouvelle captivité : c'est là aussi que j'ai conçut le projet que j'exécute aujourd'hui, celui de venir vous trouver, de vous découvrir votre naissance, de vous faire connaître votre persécuteur, et de démasquer Dande-lot ; là, se bornent mes révélations. Je ne vous demanderai point la vie pour récom-pense, elle m'est devenue insupportable ; ne voyez en moi que l'assassin de votre père et frappez. Heureux, si votre colère

me prive de la honte de monter à l'échaf-
faud. »

Ce n'était point le desir de la vengeance
qui animait Aimond en ce moment ; c'é-
tait la joie, la surprise, la douleur. Enfin
il connaissait sa famille : il savait à qui il
devait la vie ; mais en même tems il ap-
prenait l'horrible attentat commis sur
son père. St.-Géran ne se connaissant
plus, et brûlant d'obéir à Mathilde, de
mériter Amélie, voulait agir. « J'ai juré,
» disait-il à Aimond, sur la tombe de
» ton père d'être son vengeur ; c'est sur
» son cadavre décoloré que je m'armai
» de ce fer, que Mathilde reçut mon
» serment : laisse-moi obéir à l'honneur.»

Angela, effrayée, jettait des cris per-
çans : Aimond et Thierry retenaient St.-
Géran ; quant à Roch, immobile et muet,
il présentait sa poitrine et attendait en
silence le coup qui devait trancher ses
jours.

Enfin l'humanité l'emporta, on parvint
à calmer St.-Géran, et Roch fut conduit

dans

dans l'une des tourelles, où il reçut toutes les choses nécessaires à la vie.

Une mesure bien importante était nécessitée par les circonstances, c'était de prévenir Mathilde ; mais comment lui annoncer tout-à-la-fois et l'existence de son fils et l'arrestation de Dandelot? ces nouvelles étaient d'un trop grand intérêt pour elle, pour lui être données sans ménagement. Saint-Géran crut devoir instruire son père de ces divers évènemens, le prier de les faire connaître à Mathilde avec les précautions nécessaires et enfin, de l'amener à Dompaire, où sa présence était indispensable; Victor fut chargé de ces dépêches, et partit en toute diligence.

Thibault était toujours dans un état allarmant, et sa faiblesse faisait craindre pour ses jours.

Roch demandait la mort à grands cris, et les soins qu'Aimond faisait prendre de lui, semblaient augmenter ses remords;

Tome II. L

Telle fut la position des habitans de Dompaire jusqu'au retour de Victor.

Pendant ce tems, Philippe faisait pren-dre des renseignemens dans toute la Lor-raine sur la gestion de Frédéric ; les plaintes arrivaient de toutes parts, le ban était réuni ; encore quelques momens et le sort du duc de Lorraine sera fixé, et cette malheureuse famille tant poursuivie, tant persécutée, verra peut-être luire pour elle un jour pur et sans orage.

CHAPITRE VII *et dernier.*

Conclusion.

Victor partageait avec son oncle l'amitié de nos illustres infortunés ; c'est à son zèle qu'ils devaient les prompts secours des suzerains des euvirons, ce brave jeune homme brûlait d'être utile. Ce fut donc pour lui une sorte de récompense d'être chargé pour message de M. de St.-Géran.

Il part , presse son coursier , ne prend aucun repos, et arrive bientôt à Vassy. M. de St-Géran ne s'attendait point à recevoir aussi promptement des nouvelles de son fils , il connaissait les motifs de son voyage , l'obligation qu'il avait juré de remplir , et son expérience portait à une époque bien éloignée l'instant deson retour et de ses succès ; il fut bien plus surpris encore, lorsqu'il apprit que

Dandelot était en sa puissance, et que tout faisait croire que ce fils, tant pleuré, de la comtesse de Bar, était retrouvé: que c'était ce jeune Aimond dont la renommée avait apporté le nom jusqu'au fond de la champagne.

D'après les intentions de son fils, M. de St.-Géran se rendit à Bar, près de Mathilde; la comtesse n'attribua, dans le premier instant, cette visite qu'à l'amitié qu'il lui portait. — Vous me savez seule, et vous venez partager ma solitude; à cette attention délicate, je reconnais l'ami de mon malheureux époux. M. de St.-Géran profita du premier moment favorable pour amener la conversation sur les recherches que son fils venait d'entreprendre.

J'ai toujours été persuadé qu'elles ne seraient pas infructueuses, dit-il, et mon pressentiment acquiert un degré de certitude par les nouvelles que j'ai reçues hier, il me donne beaucoup d'espérances et me laisse entrevoir qu'il n'est pas loin de saisir le fil qui doit le mener à de grandes découvertes. — Eh quoi ! répondit Mathilde, avec la plus grande émotion , à peine quinze jours se sont écoulés, depuis qu'il est parti pour un voyage dont ma douleur n'osait mesurer le terme, et déjà il aurait obtenu quelques renseignemens? Ah! permettez-moi de douter d'une nouvelle aussi précaire ; ce bonheur n'est point fait pour l'infortunée Mathilde; la douleur et les larmes sont, depuis des années, mon partage ; elles doivent encore occuper mes jours : le moindre espoir m'est interdit, et le tombeau seul doit apporter un terme à mes souffrances.

Eh quoi ! Madame, reprit M. de St.-Géran avec chaleur, la douleur doit-elle vous aveugler à ce point? doit-elle vous faire oublier que la providence jette tôt ou tard sur nous un regard protecteur, et nous apporte des consolations au moment où le découragement est prêt de s'emparer de nous ? Croyez-vous d'ailleurs que je viendrais vous flatter d'un vain espoir, qui, en s'évanouissant, ne ferait que renouveller vos larmes ? Non, Madame, ayez meilleure opinion de ma prudence, et persuadez-vous que ce n'est qu'avec certitude que je vous parle. Oui, mon fils a eu le bonheur de réussir dans ses recherches, et dès ses premiers pas, par le plus grand des hasards, et à l'instant où il s'y attendait le moins, il a découvert le perfide Dandelot.—Que dites-vous ?—Il est en sa puissance.—Dandelot ?—Lui-même. — Que je le voie, que je repaisse mes yeux de son supplice. Où est-il ? — A trente lieues de Bar.—Ah! volons Avant qu'un fer vengeur ait tranché le cours de son exécrable vie, je veux connaître le sort de mon malheureux fils, partons.— Arrêtez, Madame.—Ne me retenez pas.— Au contraire, je veux vous accompagner; mais agissons avec prudence, modérez cette impétuosité bien excusable dans le cœur d'une mère, mais contraire à vos intérêts.— Eh! dois-je perdre un instant lorsque l'assassin de mon époux est entre

les mains de son vengeur. Marchons. —
Oui, sans doute ; mais au moins, donnez-
moi le tems d'achever et de vous dire.... —
Ah ! chevalier ! Ne connaissez-vous pas
votre fils, n'écoutant que son zèle, animé
par l'horreur que ce monstre lui aura ins-
piré, son glaive l'immolera avant d'avoir
obtenu de lui des renseignemens sur le
sort de mon fils, il ne sera plus, il aura
emporté avec lui son secret, et nous igno-
rerons toujours le destin de cette innocente victime de sa rage. — Croyez que
mon fils n'aura rien négligé ; déjà il a obtenu de Dandelot quelques éclaircissemens, un concours de circonstances lui a
fait découvrir... Peut-être au moment où
je vous parle, votre fils est-il près de lui.
— Que dites-vous ? Arrêtez, arrêtez,
Ménagez ma sensibilité, ma tendresse.
J'ai peine à supporter l'excès de ma joie ;
mon fils serait retrouvé..... Il me serait
rendu!... Au nom de l'amitié, guidez mes
pas, que je voye, que je sache tout:
l'anxieté que j'éprouve est trop cruelle —

Oui ; madame, partons ; qu'Amélie vous accompagne ; elle doit partager votre bonheur : demain dès l'aube du jour , nous serons sur la route de Dompaire : je vous laisse et vais tout préparer à cet effet.

M. de St.-Géran , content des traits de lumière qu'il venait de porter dans le cœur de Mathilde , se retira pour songer aux préparatifs du départ.

La comtesse était dans une situation bien pénible : si la nouvelle de l'arrestation de Dandelot avait excité sa joie, la lueur d'espérance sur la découverte de son fils , en augmentant son bonheur , l'avait pour ainsi dire rendu insupportable ; son imagination troublée par une secousse si violente ne savait sur quel objet se fixer : elle versait des larmes de plaisir et de douleur ; heureusement que des certitudes allaient bientôt la convaincre , car la position où elle se trouvait aurait infailliblement influé sur sa santé et l'eut peut-être conduite au tombeau.

Amélie était tout-à-fait heureuse : on sait qu'elle n'avait pas été dépositaire des chagrins de sa mère ; mais depuis qu'elle avait vu St.-Géran, son cœur aussi éprouvait des tourmens. Elle savait que c'était pour mériter sa main qu'il était parti ; elle ne pouvait donc sans émotion apprendre de ses nouvelles et voir faire les préparatifs pour aller le rejoindre ; elle savait bien confusément qu'il était à la recherche d'un homme qui causait les larmes que sans cesse elle voyait répandre à sa mère ; elle savait aussi qu'un frère lui avait été enlevé, malgré le mystère qui avait constamment enveloppé tous ces événemens. Quelques mots recueillis au hasard avaient permis à Amélie de faire des conjectures ; et, sans avoir été instruite de rien, elle s'était formée une fable qui approchait beaucoup de la réalité : le brusque départ de sa mère et de M. de St.-Géran faisait naître en elle un espoir charmant, et formait le dénouement de ce qu'elle avait imaginé.

Enfin le moment du départ est arrivé : M. de St.-Géran, par une merveilleuse activité , en a hâté l'instant, et, grâce à ses soins, Mathilde et Amélie disent adieu au château de Bar : M. de St.-Géran est à leurs côtés, Victor les précède , quelques valets les suivent , et ce petit cortège prend la route de la Lorraine.

Aimond , St.-Géran fils et Angela comptaient les instans depuis le départ de Victor ; Dandelot était toujours d'une faiblesse qui à chaque minute pouvait lui faire quitter la vie ; Roch rugissait dans sa prison et demandait à grands cris la mort ; l'existence de ces deux monstres rendait le château un asyle inhabitable ; cependant ces personnages étaient trop précieux pour que nos jeunes gens consentissent à s'en éloigner d'un seul instant.

Frédéric , relégué dans son palais , éprouvait des remords plus tranquilles ; la crainte avait remplacé chez lui l'audace, et c'est en tremblant qu'il attendait

la décision que les chevaliers et les haut
justiciers, assemblés par les soins de Philippe-Auguste, devaient porter.

Un jour, les personnes qui veillaient
sans cesse près de Dandelot, vinrent
annoncer à Aimond que son prisonnier
allait probablement rendre le dernier
soupir. Aussitôt Aimond se rendit à sa
prison, accompagné de St.-Géran et d'Angela: en effet, le moribond était dans un
état de faiblesse effrayant. A leur arrivée
dans sa chambre, il fit signe de la main
qu'il voulait parler : tout le monde prêta
la plus grande attention, mais inutilement: les paroles expiraient sur ses lèvres, et aucun son ne parvenait jusqu'à
eux. La position d'Aimond était cruelle:
point de doute qu'il ne soit ce malheureux enfant enlevé à la tendresse de Mathilde, toutes les conjectures étaient en
sa faveur ; mais enfin aucune preuve
ne venait à l'appui : un seul mot de
Dandelot pouvait lever tous les doutes,
et il se trouvait dans l'impossibilité de le

dire. La comtesse pouvait ne point reconnaître son fils, et cette alternative
le rendait réellement malheureux. Un
froid mortel s'empara de l'agonisant et
sembla annoncer son dernier moment :
St.-Géran, oubliant dans ce terrible instant tout sentiment de haine, soutenait
d'une main la tête de Dandelot, et de
l'autre lui administrait des secours. Angela, les yeux fixés sur sa figure et l'o-
reille attentive, écoutait en silence s'il
ne lui échapperait pas quelques mots :
Aimond, dans une agitation pénible, se
promenait à grands pas dans l'appartement en donnant les marques de la plus
violente agitation, maudissant la lenteur
de Victor et un retard qui pouvait le
replonger dans une obscurité éternelle.
Tout à coup la porte s'ouvre, et M. de
St.-Géran père, entre et annonce Mathilde et Amélie. A ces mots, le mourant
semble prendre une nouvelle existence ;
ses yeux éteints se raniment pour la dernière fois ; ses joues creuses et livides se

colorent encore, et il rassemble assez de forces pour tourner sa tête et porter ses regards vers la porte d'entrée ; quel tableau ! St.-Géran pressant dans ses bras son père et son amante ! Aimond aux pieds de la comtesse qui à sa vue éprouve un trouble précurseur de ce qu'elle doit apprendre ! Angela à quelques pas qui lit dans les yeux des arrivans le trouble de leur ame ; mais bientôt le tableau change : les regards se portent vers le lit funèbre. Mathilde ose fixer le cadavre encore vivant ; elle hésite un instant, regarde encore et enfin s'écrie : oui ! c'est lui ! c'est Dandelot ! Elle va continuer ; un geste de ce monstre l'arrête : ses regards appellent Aimond, il lui prend la main et la joint à celle de la comtesse ; il regarde tour-à-tour ces deux personnages : il veut parler et semble ne pouvoir rassembler assez de force. Un silence inquiet règne dans l'appartement : on s'abstient du moindre mouvement : on retient jusqu'à son haleine ; enfin, avec

des contorsions effroyables, il parvient à
articuler ces mots : « C'est votre fils......,
je meurs.... vous êtes tous vengés.... » Il
dit, et ses traits prennent une agitation
violente ; ses lèvres deviennent vertes ;
ses nerfs se roidissent : bientôt, ô comble
de l'horreur ! un sang épais et noir s'é-
chappe de sa bouche, de ses narines, de
ses yeux ! sa gorge se gonfle, son corps
s'allonge et semble se déchirer..... il
expire. *

On se hâta de fuir un spectacle aussi
épouvantable, et tout le monde rentra
au château l'effroi dans l'ame et rempli
d'admiration pour la Justice Divine qui,
tôt ou tard, jette un regard protecteur
sur l'innocent, l'arrache de l'obscurité
dont on prétendait l'envelopper et frappe
le criminel d'un châtiment proportionné
à son crime.

---

* Rien de surnaturel dans cette mort affreuse. Ce
fut aussi celle de Charles IX, elle semble destinée aux
criminels pour qui une mort ordinaire ne serait qu'un
bienfait.

Les sentimens que cet événement avait renfermé dans les cœurs se montrèrent bientôt en toute liberté : que de sensations délicieuses ! que de doux épanchemens ! Mathilde, après vingt ans de larmes, pressait enfin contre son sein ce fils chéri : sa présence seule suffisait pour la rendre au bonheur ; mais ce fils était couvert de gloire , comptait autant de victoires que de printems était chéri d'un monarque magnanime et révéré : combien cette heureuse mère ne devait-elle pas bénir son sort ! Angela pouvait se livrer entièrement à son amour : la mère de son amant allait remplacer près d'elle le père chéri que la mort lui avait enlevé, et l'aurore de son bonheur commençait à se montrer ornée des plus riantes couleurs.

La présence d'Amélie était pour St.-Géran la plus douce récompense ; les transports de joie qu'il laissa paraître instruisirent son père de son amour ; il fut surpris que son fils eût osé offrir son cœur à la fille de sa souveraine ; mais bientôt il se ressouvint qu'amour ne calcule pas, et que chevalier bien épris et damoiselle bien tendre n'avaient jamais songé à richesses.

En cet instant arriva à Lunéville un messager du roi de France. On manda aussitôt cette nouvelle à Aimond qui quitta sur-le-champ Dompaire pour se rendre au palais de Guéréhard. M. de St.-Géran, son fils, Mathilde, Amélie l'accompagnaient. Le courier remit à Aimond les dépêches dont il était porteur : elles contenaient la condamnation de Frédéric. Les chevaliers assemblés, sous la présidence de Philippe-Auguste, les barons et les haut-justiciers entendus, Frédéric avait été déchu de tous ses titres, de sa souveraineté, et banni de ses états ; le tribunal avait ordonné en outre que, n'ayant point d'héritiers légitimes, les suzerains, dont les principautés relevaient de la cour de Lorraine, s'assembleraient et se nommeraient un nouveau chef.

chef. Frédéric entendit la lecture de son arrêt avec un sang froid qui annonce l'homme résigné ; il demanda un délai de trois jours et l'obtint. Au bout de ce court espace, il était disparu et avait laissé pour Aimond ce peu de mots : « Je pars. J'obéis
» à une condamnation bien méritée : je
» vais au fond d'un cloître ensevelir ma
» honte et mes remords ; le souvenir de
» mes crimes me poursuivra jusqu'au
» tombeau : ce sera mon premier sup-
» plice. Si les larmes d'un criminel , le
» repentir le plus sincère peuvent méri-
» ter un pardon , je puis espérer de l'ob-
» tenir. Vivez heureux : défendez-vous
» des passions , elles font le malheur des
» hommes ; défiez - vous d'un flatteur ,
» d'un vil courtisan , c'est le feu folet qui
» ne vous montre sa lumière que pour
» vous conduire dans l'abîme. »

On apprit quelque tems après que le fils du vertueux Guéréhard s'était retiré dans un monastère du comté de Namur, et qu'il y suivait la vie la plus austère.

Les chefs des principautés les plus considérables s'assemblèrent au palais de Lunéville. Ils prirent connaissance des volontés du tribunal suprême, et se disposèrent à se choisir un nouveau souverain. On procéda à cette nomination selon les usages prescrits, et toutes les voix se réunirent en faveur d'Aimond : celui qui venait de délivrer sa patrie du tyran qui l'opprimait, méritait cette récompense : le peuple applaudit vivement à un choix qui comblait tous ses vœux, et cette résolution fut portée aux pieds du trône, pour être soumise aux membres du tribunal suprême : bientôt on reçut la nouvelle que la nomination était approuvée. Aimond prit le titre de duc de Lorraine, qui resta dans sa maison jusqu'à l'époque où ce pays fut cédé par ses descendans à Stanislas I.er, roi de Pologne.

Une aussi heureuse circonstance acheva de ramener la joie dans cette demeure, naguère si triste ; les antiques voutes du château qui, depuis long-tems n'étaient

plus frappées que des accens de la douleur, retentirent enfin des cris de l'allégresse.

Mathilde connaissait le secret de St.-
Géran, elle eut bientôt deviné celui de
son fils. Angela lui convint sous tous les
rapports, et son union avec Aimond fut
arrêtée.

Thierry, au comble de la joie, semblait trouver, dans le bonheur de ses
jeunes maîtres, une nouvelle existence.
Eh bien, dit-il un jour à Aimond, vous
voilà heureux ; à qui le devez-vous ? à
moi. — A toi ? reprit Aimond en sou-
riant ; et comment cela ? — Comment ?
Si je n'eusse pas prévenu M. le baron
des romances chantées sous les fenêtres
de sa fille, on n'eut point fait de recherches, on n'eut pas dévoilé votre cor-
respondance, surpris votre secret, vous
n'eussiez point découvert votre amour, M.
le baron ne vous eût point fait rejoindre
l'armée, par conséquent M. de St.-Géran
n'eut pas été connu de vous, ne vous

connaissant pas, il ne vous serait pas
venu voir à Dompaire et n'aurait pas reconnu dans Thibault l'assassin Dandelot :
alors plus de reconnaissance, votre naissance demeurait ignorée, et mademoiselle Angela ne devenait pas votre femme,
car enfin, malgré son amour pour vous,
elle n'aurait certainement pas épousé un
inconnu. Tous ces événemens dérivent
du premier ; je suis la cause de ce premier événement, or donc c'est à moi que
vous devez votre bonheur.

La logique de Thierry était concluante ;
aussi sans chercher à la combattre, Aimond se jetta dans ses bras.

On devine bien que les mariages eurent
lieu, qu'ils se firent avec magnificence ;
que les tournois, les fêtes, les joutes et
tous les amusemens du bon vieux tems y
furent prodigués ; on devine bien aussi
qu'Aimond fut installé dans sa nouvelle
dignité ; qu'à cette occasion, les fêtes se
renouvellèrent ; on devine encore que
l'allégresse des Lorrains fut au comble.

ils se voyaient délivrés d'un souverain peu recommandable, pour passer sous la domination d'un guerrier, qui, depuis long-tems captivait l'amour du peuple. Mais on ne devinait pas que je passerais sous silence les descriptions de ces cérémonies; si les personnages ont intéressés, on sait qu'ils jouissent maintenant d'un bonheur parfait, cela doit suffire; du moment où le lecteur connaît le dénoument il est difficile de l'intéresser, et j'aime mieux clore mon livre que d'augmenter son ennui. Je ne le quitterai cependant pas sans lui faire connaître le sort de Roch, que nous avons laissé dans les prisons de Dompaire : si Aimond n'eût écouté que son cœur, il lui eût rendu la liberté; il se ressouvenait de sa conduite envers lui, et sans songer que ce n'était que par intérêt qu'il n'avait point exécuté l'ordre de Thibault, il aimait à se rappeller qu'il lui devait la vie; mais la dignité dont il était revêtu lui ordonnait d'oublier toutes considérations particulières. Roch fut livré à la justice et reçut le châtiment qui lui était destiné. Son habitation fut convertie en une maison hospitallière, pour les pauvres de Barcarat, et le nouveau duc de Lorraine la dota d'une manière convenable : c'est ainsi qu'il crut devoir purger cet asyle.

Thierry en rappelant à Aimond ce qu'il avait fait pour lui, n'avait pas eu l'intention de provoquer une récompense ; il la trouvait dans son propre cœur, dans le témoignage de sa conscience. Cependant, il y aurait eu de l'ingratitude à Aimond de ne donner, à ce fidèle serviteur que des éloges, à ne point récompenser d'une manière plus éclatante un homme auquel il devait sa liberté, celle d'Angela, le bonheur dont il jouissait ; la fille du baron était la première à presser son époux de s'occuper du sort de ce brave ; Aimond avait un projet, qui, s'il n'eût consulté que son cœur, eût été aussitôt exécuté que conçu ; mais il craignait les préjugés, il voulait que la récompense

qu'il se proposait de donner plût à tout
le monde : enfin, entraîné par la reconnaissance, il brava l'opinion et résolut
d'exécuter sa pensée ; il ordonna à cet
effet les préparatifs nécessaires pour une
fête brillante. Thierry qui ne se doutait
pas qu'il était le motif de ces apprêts,
en pressait l'exécution avec son activité
ordinaire. Enfin, le jour fixé est arrivé ;
les châtelains des environs invités par
Aimond arrivent, montés sur de super-
bes coursiers, et accompagnés de leurs
épouses. Des domestiques, des pages, des
écuyers, remplissent toutes les salles du
château ; bientôt les fanfares se font entendre ; les femmes parées des charmes
de la beauté et couvertes d'or, se rendent
dans les vastes salons ; Angela, fait les
honneurs avec les graces qui lui sont particulières. Les chevaliers et les nobles
s'empressent autour des dames, Amélie,
Mathilde, sont tour-à-tour l'objet de leurs
soins. Les propos aimables se succèdent,
la galanterie se déploye dans les moindres

actions, et rend cette réunion charmante ; on se demande quelle est la cause d'une assemblée aussi brillante, lorsque les portes s'ouvrent et que St.-Géran et Aimond paraissent, tenant par la main Thierry. Ce bon veillard est intimidé, il regarde en rougissant son maître, dont il est loin encore de soupçonner les intentions, tous les regards sont fixés sur ces trois personnages ; Aimond, par un geste gracieux, réclame le silence, et prenant la parole, il dit, d'un ton de voix qui déguise mal son émotion : « Chevaliers et Dames, que votre amitié pour moi a rassemblés en ces lieux, permettez-moi de prendre votre avis sur une décision à laquelle j'attache le plus grand prix. Vous connaissez mes malheurs, les périls où je me suis trouvé, et les dangers que j'ai courus. Eh bien ! c'est à ce fidèle serviteur que je dois le bonheur d'être échappé à mes persécuteurs; d'avoir pu arracher Angela de leurs mains criminelles: de tels services ne sauraient se payer, l'or récompenserait

récompenserait mal un pareil dévouement. L'amour de la gloire, la vaillance,
une intrepidité rare, un excès de courage ont pu seuls porter ce vieil ami à
exposer ses jours pour sauver les miens;
aussi depuis long-tems je me fais gloire
de le chérir et de le regarder comme un
père, mais il ne suffit pas de mon estime
particulière, je veux lui procurer la vôtre; je veux, vaillans Chevaliers et hono-
rables Dames, que vous puissiez, sans
compromettre votre noblesse, lui donner publiquement des marques de votre amitié. J'ai donc, à cet effet, résolu de vous réunir en ces lieux pour,
en votre présence, l'armer Chevalier,
m'approuvez-vous?.... Il dit, et des ap-
plaudissemens universels donnent l'ap-
probation demandée. Thierry, surpris,
verse des larmes d'attendrissement; il a
peine à supporter la joie qu'il éprouve,
il porte ses yeux, remplis de pleurs, sur
Aimond et sur l'assemblée; puis cédant

aux mouvemens de son cœur, il se pré-
cipite aux pieds d'Aimond, celui-ci le
relève avec empressement, et lui donne
l'accolade d'usage. St.-Géran lui chausse
le premier éperon, et les autres cheva-
valiers présens se hâtent de le revêtir
de ses nouvelles armes. Angela et Amélie
lui présentent une écharpe, brodée par
elles, et des cris de vive Thierry, honneur au courage, accompagnent cette
scène attendrissante.

Tout le reste du jour le nouveau chevalier fut l'objet des félicitations de la
société et des attentions les plus délica-
tes ; et Aimond, témoin des honneurs
prodigués à son libérateur, pensa ne
s'être encore que faiblement acquitté de
ce qu'il lui devait, tant la reconnaissance
a d'empire sur un cœur vertueux.

Si Aimond et Angela ont des enfans ;
si parmi eux il s'en trouve qui se distingue par quelque faits éclatans ; *si*
l'envie de conter me reprend ; *si* j'ai pu

amuser un instant ; *si* une critique décourageante ne m'ôte pas l'envie d'écrire,
alors je reprendrai la plume, et j'es-
sayerai encore de tracer quelques lignes.

FIN DU SECOND ET DERNIER VOLUME.

TABLE

Des Chapitres contenus dans le second Volume.

Fin de la Table du second volume.

l'heure.

968. Le tuteur spécial et particulier qui doit être donné à chaque mineur ayant des intérêts opposés, sera nommé suivant les règles contenues au titre *des Avis de parens*.

969. Le même jugement qui prononcera sur la demande en partage, commettra, s'il y a lieu, un juge, conformément à l'article 823 du Code civil, et ordonnera que les immeubles, s'il y en a, seront estimés par experts de la manière prescrite en l'article 824 du même Code.

970. En prononçant sur cette demande, le tribunal ordonnera par le même jugement le partage, s'il peut avoir lieu, ou la vente par licitation qui sera faite, soit devant un membre du tribunal, soit devant un notaire.

971. Il sera procédé aux nominations, prestations de serment et rapports d'experts, suivant les formalités prescrites au titre *des Rapports d'experts*. Néanmoins lorsque toutes les parties seront majeures, il pourra n'être nommé qu'un expert, si elles y consentent.

» justice, conformément aux règles prescrites par les
» articles 819 et suivans, jusques et compris l'article
» précédent. S'il y a plusieurs mineurs qui aient des
» intérêts opposés dans le partage, il doit leur être
» donné à chacun un tuteur spécial et particulier.

Art. 839. » S'il y a lieu à licitation, dans le cas du
» précédent article, elle ne peut être faite qu'en jus-
» tice avec les formalités prescrites pour l'aliénation
» des biens des mineurs. Les étrangers y sont toujours
» admis ».

pour la vente, aux formalités prescrites dans le titre *de la Vente des biens immeubles*, en ajoutant dans le cahier des charges,

Les nom, demeure et profession du poursuivant, les nom et demeure de son avoué;

Les noms, demeures et professions des colicitans.

Copie du cahier des charges sera signifiée aux avoués des colicitans par un simple acte, dans la huitaine du dépôt, au greffe ou chez le notaire.

973. S'il s'élève des difficultés sur le cahier des charges, elles seront vidées à l'audience, sans aucune requête, et sur un simple acte d'avoué à avoué.

974. Lorsque la situation des immeubles aura exigé plusieurs expertises distinctes, et que chaque immeuble aura été déclaré impartageable, il n'y aura cependant pas lieu à licitation, s'il résulte du rapprochement des rapports que la totalité des immeubles peut se partager commodément.

975. Si la demande en partage n'a pour objet que la division d'un ou de plusieurs immeubles sur lesquels les droits des intéressés soient déjà liquidés, les experts, en procédant à l'estimation, composeront les lots ainsi qu'il est prescrit par l'article 466 du Code civil; et après que leur rapport aura été entériné, les lots seront tirés au sort, soit devant le juge-commissaire, soit devant un notaire commis par le tribunal.

978. Lorsque la masse du partage, les rap-

b hours, même émancipés, le partage doit être fait e

www.ingramcontent.com/pod-product-compliance
Ingram Content Group UK Ltd.
Pitfield, Milton Keynes, MK11 3LW, UK
UKHW022350090726
13658UKWH00002B/580